中华复兴之光
千秋名胜古迹

王陵千古雄风

李姗姗 主编

汕头大学出版社

图书在版编目（CIP）数据

王陵千古雄风 / 李姗姗主编. -- 汕头：汕头大学出版社，2017.1（2023.8重印）

（千秋名胜古迹）

ISBN 978-7-5658-2836-2

Ⅰ.①王… Ⅱ.①李… Ⅲ.①陵墓－介绍－中国 Ⅳ.①K928.76

中国版本图书馆CIP数据核字(2016)第293967号

王陵千古雄风　　WANGLING QIANGU XIONGFENG

主　　编：李姗姗
责任编辑：宋倩倩
责任技编：黄东生
封面设计：大华文苑
出版发行：汕头大学出版社
广东省汕头市大学路243号汕头大学校园内　邮政编码：515063
电　　话：0754-82904613
印　　刷：三河市嵩川印刷有限公司
开　　本：690mm×960mm　1/16
印　　张：8
字　　数：98千字
版　　次：2017年1月第1版
印　　次：2023年8月第4次印刷
定　　价：39.80元

ISBN 978-7-5658-2836-2

版权所有，翻版必究

如发现印装质量问题，请与承印厂联系退换

前言

党的十八大报告指出:"把生态文明建设放在突出地位,融入经济建设、政治建设、文化建设、社会建设各方面和全过程,努力建设美丽中国,实现中华民族永续发展。"

可见,美丽中国,是环境之美、时代之美、生活之美、社会之美、百姓之美的总和。生态文明与美丽中国紧密相连,建设美丽中国,其核心就是要按照生态文明要求,通过生态、经济、政治、文化以及社会建设,实现生态良好、经济繁荣、政治和谐以及人民幸福。

悠久的中华文明历史,从来就蕴含着深刻的发展智慧,其中一个重要特征就是强调人与自然的和谐统一,就是把我们人类看作自然世界的和谐组成部分。在新的时期,我们提出尊重自然、顺应自然、保护自然,这是对中华文明的大力弘扬,我们要用勤劳智慧的双手建设美丽中国,实现我们民族永续发展的中国梦想。

因此,美丽中国不仅表现在江山如此多娇方面,更表现在丰富的大美文化内涵方面。中华大地孕育了中华文化,中华文化是中华大地之魂,二者完美地结合,铸就了真正的美丽中国。中华文化源远流长,滚滚黄河、滔滔长江,是最直接的源头。这两大文化浪涛经过千百年冲刷洗礼和不断交流、融合以及沉淀,最终形成了求同存异、兼收并蓄的最辉煌最灿烂的中华文明。

五千年来，薪火相传，一脉相承，伟大的中华文化是世界上唯一绵延不绝而从没中断的古老文化，并始终充满了生机与活力，其根本的原因在于具有强大的包容性和广博性，并充分展现了顽强的生命力和神奇的文化奇观。中华文化的力量，已经深深熔铸到我们的生命力、创造力和凝聚力中，是我们民族的基因。中华民族的精神，也已深深植根于绵延数千年的优秀文化传统之中，是我们的根和魂。

中国文化博大精深，是中华各族人民五千年来创造、传承下来的物质文明和精神文明的总和，其内容包罗万象，浩若星汉，具有很强文化纵深，蕴含丰富宝藏。传承和弘扬优秀民族文化传统，保护民族文化遗产，建设更加优秀的新的中华文化，这是建设美丽中国的根本。

总之，要建设美丽的中国，实现中华文化伟大复兴，首先要站在传统文化前沿，薪火相传，一脉相承，宏扬和发展五千年来优秀的、光明的、先进的、科学的、文明的和自豪的文化，融合古今中外一切文化精华，构建具有中国特色的现代民族文化，向世界和未来展示中华民族的文化力量、文化价值与文化风采，让美丽中国更加辉煌出彩。

为此，在有关部门和专家指导下，我们收集整理了大量古今资料和最新研究成果，特别编撰了本套大型丛书。主要包括万里锦绣河山、悠久文明历史、独特地域风采、深厚建筑古蕴、名胜古迹奇观、珍贵物宝天华、博大精深汉语、千秋辉煌美术、绝美歌舞戏剧、淳朴民风习俗等，充分显示了美丽中国的中华民族厚重文化底蕴和强大民族凝聚力，具有极强系统性、广博性和规模性。

本套丛书唯美展现，美不胜收，语言通俗，图文并茂，形象直观，古风古雅，具有很强可读性、欣赏性和知识性，能够让广大读者全面感受到美丽中国丰富内涵的方方面面，能够增强民族自尊心和文化自豪感，并能很好继承和弘扬中华文化，创造未来中国特色的先进民族文化，引领中华民族走向伟大复兴，实现建设美丽中国的伟大梦想。

目 录

黄帝陵
为了纪念共同的祖先　002
历代加强修建与祭祀　010

炎帝陵
016　气势恢宏的神州第一陵

大禹陵
030　治理洪水的传奇英雄
041　会稽山麓的英雄葬地

汉阳陵
贤明的汉景帝刘启　048
布局规整的合葬陵　053

唐太宗昭陵
058　帝陵中的最佳风水宝地
062　宏伟壮观的皇家陵园

巩义八陵

068　各有千秋的北宋皇陵

成吉思汗陵

076　草原上的蒙古国大汗

084　位于鄂尔多斯的圣地

明祖陵

朱元璋光宗耀祖筑祖陵　090

隐藏在水中的宏伟建筑　094

盛京三陵

104　陵寝群中的福陵和昭陵

114　关外三陵之首的清永陵

黄帝陵

　　黄帝陵是中华民族始祖黄帝轩辕氏的陵墓，位于陕西省延安黄陵城北的桥山，山体浑厚，气势雄伟，山下有沮水环绕。山上有千年古柏，四季常青，郁郁葱葱。而轩辕黄帝的陵冢就深藏在桥山巅的古柏中。

　　黄帝陵古称"桥陵"，为我国历代帝王和著名人士祭祀黄帝的场所。

　　据记载，最早举行祭祀黄帝始于公元前442年，自建庙祀典以来，黄帝陵一直是历代王朝举行国家大祭的场所，有"天下第一陵"的美誉。

为了纪念共同的祖先

远古时期，在我国河南禹州生活着一个有熊部落。黄帝是这个部落的首领，他本姓公孙，是我国远古传说中的伏羲和女娲之孙，少典之子。他生长于姬水，也就是后来的陕西武功漆水河之滨，因此改姓姬。有说黄帝因为居住在轩辕之丘，就是后来的河南新郑的西北，所以以"轩辕氏"为号。也有说因他发明了轩冕，故称之为轩辕。

传说黄帝一生下来没过多久便能说话。到了15岁，已经无所不通了。公元前2697年，20岁的黄帝便成为了有熊部落的首领。黄帝成为部落首领后，有熊氏的势力得到迅速发展，并形成了一个独立的部落。

因为黄帝有土德之瑞，土色为

黄，故称"黄帝"。有熊部落也被称为黄帝部落。在他的带领下，有熊部落在上古时期姬水一带成为较为文明的部落。

在当时，古老的氏族制度已日趋瓦解，各氏族部落之间为争夺领地、扩充势力经常相互侵伐，暴虐百姓，天下纷乱。

在此情势之下，黄帝一方面大力训练军队，将本部落军队和统归他领导的以虎、豹、熊、罴等为图腾的各部落人马训练成一支号令严明、训练有素、战斗力强的勇猛之师，用以讨伐那些破坏部落联盟规则、相互侵伐的部落，迫使他们归顺于黄帝部落。

另一方面，黄帝在部落内推行德政，爱护百姓，教化万民，积极发展畜牧农业生产，发明了打井、做杵臼、做弓箭、服牛乘马、驾车、造舟船等技术。

黄帝的妻子嫘祖养蚕抽丝、染制五彩衣裳、制扉履。黄帝的史官仓颉创造了文字，臣子大挠占日月、作干支，乐官伶伦发明乐器。据说世界上第一只锅，是黄帝本人制作的，很快，人们就学会和推广用锅煮饭烧菜了。

　　黄帝部落的活动范围也日渐扩大，从发祥地陕西北部逐渐向东进入黄河中游流域地区。此后逐渐东进，后来定居于河北涿鹿附近。

　　在黄帝领导部落进入黄河中下游地区的同时，西方以炎帝为首的炎帝部落和南方以蚩尤为首的九黎族部落也进入了黄河中下游流域。

　　传说炎帝族发祥于陕西岐山东面的姜水附近，该部落沿渭水东下，再顺黄河东进入河南西南部，后到达山东地区。炎帝族首领炎帝也是少典的儿子，黄帝的兄弟，姓姜，号神农氏，生得牛头人身。

　　炎帝族与黄帝族世代互通婚姻。炎帝部落在其进入山东地区进程中，与从南方北上的九黎族部落相遇，双方发生了长期激烈的冲突。

　　传说九黎族首领蚩尤长着四只眼睛六只手，人身牛蹄，头上生着锐利尖角，耳旁鬓毛硬如刀剑，以石头和沙子当饭吃。蚩尤武功高强，还

能呼风唤雨。他共有81个兄弟，人人铜头铁额，个个凶猛无比。

炎帝族在与九黎族激烈的冲突中失利，被迫退向北方，向居住在涿鹿地区的黄帝族求援。黄帝闻讯后，便与炎帝族联合，准备抵御蚩尤的进攻。

在当时，蚩尤部落已掌握了铜的冶炼技术，他们开山洞采集矿石，打造戈、矛、戟、弩弓等各种兵器，因此具有强大的战斗力。

一次，蚩尤带领81个兄弟，指挥大量军马，气势汹汹地向黄帝军队发起了进攻。

双方人马在涿鹿原野上展开了激烈厮杀。正当双方人马酣战时，蚩尤施展本领，造起弥天大雾。黄帝及其人马顿时迷失在大雾之中，大家不辨方向、敌我不分、自相残杀，蚩尤趁机进攻。

正在危急之时，黄帝的臣子风后制造了指南车，车上立一木人，手指着特定的方向，无论车子如何旋转，木人手始终指向同一方向。

黄帝统率大军依靠指南车的指引，冲出了大雾的包围。

后来，黄帝命臣子应龙选一适当地形，准备以水攻击蚩尤的大军。不料蚩尤抢先从天上请来了风伯和雨师，纵起漫天的狂风暴雨扫向黄帝大军。

黄帝的军队被打得队形大乱、四散奔逃，陷于一片汪洋之中。黄帝大惊，连忙招来自己的女儿天女魃从天上下凡助战。

天女魃降落到地面，施展本领，将狂风暴雨和遍地洪水一扫而光，黄帝大军才转危为安。黄帝立即命令大军乘势转入反攻。大家士气大振，向蚩尤部队猛冲，势如破竹，杀得蚩尤部队人马丢盔弃甲、大败而归。

为防止蚩尤反扑黄帝开始驯养猛兽助战。他将猛兽饿上几天后，又命军士穿上蚩尤部的服装去逗弄它们，等它们被激怒后，便丢一些小动物。久而久之，猛兽一看见穿蚩尤部服装的人就冲上前去撕咬。

黄帝利用猛兽最终战胜蚩尤之后,天下重归太平。各部落一致推举他为天子。从此,黄帝成为中原地区部落联盟的首领。

黄帝战败蚩尤后,建立了部落联盟,定居在桥山。他发现桥山一带的人们,有的栖居于树,有的与兽同穴,既不文明,又不安全。

黄帝便教化桥山人们在临水靠山的半坡上砍树造屋,离开树枝和洞穴搬进新屋。又把桥山改名为桥国。

桥山人们住进房屋后,日常生活方便多了,但他们经常砍伐树木,没过几年,桥山周围的树林全被砍光了。就连黄帝曾多次下令禁止砍伐的常年不落叶的柏树,也被砍伐得一棵不剩了。

就在这时候,一场暴雨袭来,山洪突然暴发,洪水像猛兽一般从山下猛冲下来,把几十人以及黄帝得力的大臣共鼓、狄货都卷走了。黄帝悲痛万分。

雨过天晴,黄帝亲自带领大臣们上山查看,发现凡是树林被砍光

了的山峁，不仅挡不住水，连地上的草也被冲得一干二净了。

黄帝看见满山遍野都是洪水过后留下的沟沟洼洼，心情十分沉重，他对群民说："今后再也不能乱砍树木了。如果再乱砍下去，野兽也没处藏身了。到那时，我们吃什么？穿什么？"

众臣觉得黄帝说得有理，都问他该怎么办？黄帝说："我愿和大家一齐上山栽树种草。"说罢，黄帝就自己带头栽了一棵小柏树。臣民们都学黄帝的样子，纷纷栽树种草。不出几年，桥国的山山峁峁林草茂密，一片葱绿。人们都很感激黄帝。从此，植树造林便成了我们中华民族的一个优良传统，世世代代一直延续下来。

黄帝担任部落联盟首领后，对那些不服从命令的部落，率兵四处亲征。他的足迹东至大海，北到河北，南至长江流域，西达甘肃。经过多年的征战，黄帝终于统一了中原。

黄帝以仁德治理天下，任用风后、常光、力牧、大鸿四大臣辅政，管理朝政，安顿万民。经过黄帝的努力，中原地区获得了统一。涿鹿大战之后留在中原地区的九黎族部落民众，与炎黄两族融为一体，成为了华夏族。

所以，我们中国人便把黄帝奉为始祖，我们常常把自己称为炎黄子孙。黄帝为我们中华民族创造了丰富灿烂的中华文化。

黄帝时期重创造、自强不息的精神，在黄帝以后成为中华民族的共同精神财富。为了纪念这位传说中的共同祖先，后人还在陕西黄陵县北面的桥山上造了一座"黄帝陵"。

知识点滴

据说黄帝活了118岁。有一天，在他东巡期间，突然晴天一声霹雳，一条黄龙自天而降。黄龙对黄帝说："你的使命已经完成，请你和我一起归天吧！"

黄帝自知天命难违，便上了龙背。当黄龙飞越陕西桥山时，黄帝请求下驾安抚臣民。人们闻讯从四面八方赶来，个个痛哭流涕。

在黄龙再三催促下，黄帝又跨上了龙背，人们拽住黄帝的衣襟一再挽留，却没有成功。黄龙带走了黄帝之后，只剩下了黄帝的衣冠。

于是人们就把黄帝的衣冠葬在桥山，起冢为陵。这就是传说中黄帝陵的由来。但也有人说，黄帝去世后就安葬在桥山。

历代加强修建与祭祀

　　刘邦建立汉朝后,规定天子陵旁必设庙。汉朝初期就在桥山西麓建起"轩辕庙"。整个陵园,南北约210米,东西约72米。陵园有两个门,分立东西两侧。

　　从东门进入陵园区,有一棂星门,门两旁是仿制的汉代石阙。从西

门而入，步行数步，左侧是一座高24米的夯筑高台，台旁立一石碑，上书"汉武仙台"4字，为后来明代嘉靖七年（1528）闰七月所立，落款为"滇南唐琦书"。此台距陵墓45米，两条石砌曲径通向台顶，四围古柏环抱，台顶高达林梢，有"登台一次，增寿一年"之说。

此台始建于公元前110年。汉武帝刘彻勒兵10万，号称18万大军，北征朔方，凯旋后，他看到高大雄伟的黄帝陵，立即停兵祭祀。同时为了使自己长寿成仙，他又令兵士于此起20米高土筑台，后人称祈仙台。祈仙台距陵墓45米。

在汉武仙台之旁，在桥山之巅，便是黄帝陵冢。陵冢位于桥山山顶正中，为土冢，扁球状，直径为16米。土冢下部筑方形墓台，以烘托陵墓的神圣感。方台与圆冢相结合，上圆下方，具有"天圆地方"与"天地相合"的象征意义。唐代宗时期，又对轩辕庙进行了历时两年的重修扩建，并栽植柏树1140多棵。

969年，因被沮河水连年侵蚀桥山西麓经常发生崖塌水崩，威胁庙

院安全，地方官员上书朝廷，宋太祖赵匡胤降旨，将轩辕庙由桥山西麓迁移桥山东麓黄帝行宫。这就是后来人们拜谒的轩辕庙。

蒙古族问鼎中原建立元朝后，曾经颁布过一道森严的保护黄帝陵庙的法令。

1325年，泰定皇帝也孙铁木儿收到陕西中部县的状子，即是关于轩辕庙保生宫被火烧一案。泰定帝大怒，立即召集宫内文武官员上殿议论。泰定帝说：

黄帝轩辕氏，乃我中华民族元祖，不论汉、满、蒙、回、藏，还是苗、瑶、彝、黎、藩，都要敬护我元祖陵寝，如有人放火烧宫，破坏陵庙，实属不赦。

泰定帝说罢，由他亲自口授，命身边文官，用汉字写了一份圣旨，立即派使臣星夜兼程，送往陕西中部县。

在明朝的时候，明朝廷也十分重视黄帝陵的祭拜。

大明开国皇帝朱元璋在1371年委派身边重臣管勾甘带上他亲笔写的祭黄帝"御制祝文"前往黄帝陵祭祀。朱元璋还规定，今后祭黄帝祭文必须由皇帝本人执笔，并将每次祭陵的"御制祝文"刻石留存。

在距黄帝陵约200米的道旁，有一座竖立的下马石，上面写着"文武官员至此下马"，意思是"不论大小文武官员，到此必须下马。"这块石碑是明太祖朱元璋洪武年间设立的，目的是用来提醒前来谒陵拜祖的人，在祖先陵前一定要庄重严肃。

古代山路崎岖，谒祖祭陵者多骑马坐轿，但行至此处，均下马落轿，整理衣冠，平静心情，恭行至陵前。

黄帝陵前立有一块石碑，上书"桥山龙驭"4字，意为黄帝驭龙升天之处。落款为"大明嘉靖丙申十月九日滇南唐琦书"，就是1536年书写的。

1682年，清圣祖康熙亲笔用满文写了一份祭黄帝祭文。身边大臣看后，建议康熙译成汉文，康熙皇帝接受了这个建议。汉满文字一并刻在一通石碑上，后来放在轩辕庙碑廊里。

有一通古碑上书"古轩辕黄帝桥陵"，是清代陕西巡抚毕沅在1776年所立，后碑石遗失了。

后来，黄帝陵又进行大整修，目标是以黄帝陵、黄帝庙深刻的内涵为基础，通过整修使之成为弘扬中华民族文化，增强民族精神凝聚力的圣地。

同时保护好文物古迹和古柏林，为古柏林的生长提供良好环境。还有让建筑与山川水势相结合，融陵、山、水、城

于一体，体现出了"雄伟、壮观、肃穆、古朴"的气势。

在整修过程中，吸收了传统思想的精华，追求汉代更古朴和更粗犷的建筑风格，并使所有建筑风格形象力求统一。

整修以黄帝陵、轩辕庙为重点，包括庙前区、庙宇、功德场及神道、陵区和外围景观等区域。形成了祭祀谒陵完整的建筑结构形态。其中庙院广场以五千年文明文化的系列石雕石刻加以点缀。

整修黄帝陵是全体炎黄子孙智慧的结晶和力量的凝聚点，增强了人们对先祖的崇敬和对文明古国历史文化的自豪感。

知识点滴

轩辕庙对面有条小山沟，名叫暖泉沟。传说有一年，黄帝之妻嫘祖因常年养蚕抽丝和制作衣服，劳累过度，终于卧床不起，很想能喝到白水家乡的泉水，因为那里的泉水清澈，甘美，喝了提神。

这消息被桥国人们知道了，大家决心把白水泉水引到桥国，让嫘祖在病中能喝到家乡泉水。人们都自愿投入到开渠劳动中。

此事感动了龙王，龙王用爪一划，就把白水到桥国的地下水渠开通了。从此，桥国泉水味道也变得和白水泉水一模一样了。更使人惊奇的是，桥国泉水不但日夜涌流，而且还变得冬暖夏凉，所以人们把它称作"暖泉"。

炎帝陵

  炎帝陵坐落于株洲炎陵的鹿原陂,被称为"神州第一陵",是中华民族始祖之一炎帝的安息地,也是炎黄子孙寻根祭祖的主要场所,"神州第一陵"的主要建筑有炎帝陵殿和神农大殿等。

  在我国历史传说中,炎帝开创了华夏原始农业,是农耕文化的创始人。是他创造了木制耒耜,教民耕种,提高了农作物产量。是他遍尝百草,为人医病,是中草药的第一位发现者和利用者……

  总之,炎帝一直受到我们炎黄子孙的无比敬仰,因此对他的祭祀也从未间断过。

气势恢宏的神州第一陵

炎帝与黄帝建立联盟后,炎帝除了分管农业发展外,他继续游历各地,遍尝百草,为民治疾病。有一天,炎帝来到后来的湘赣交界处,日遇七十毒而不辍,终因误尝了断肠草,最终殒命了。

炎帝去世后,人们将其用棺木装殓,驾船北上,准备送到炎帝故

土安葬。但船行到洣水畔的鹿原陂时，船突然倾翻，不能再行了。

原来这里曾经是天庭里太上老君养神鹿的地方。后来，由于天庭的需要，太上老君把养鹿场迁出了天庭。太上老君看到人间美好，特别是这里的人们勤劳、淳朴、善良，就打算造福人间。

他就把一批神鹿留在了此地，于是这里就叫"鹿原陂"了。从此，这里森林茂密，绿草茵茵，百花四季常开，神鹿成群、迷雾重重，犹如人间仙境。

炎帝尝百草路过此地时，他发现此地奇花异草很多，就经常在此地采药、炼药、配药、验药，并给这里的人看病、治病。

他还用图形或特殊符号把药的形状、性质、用途以及病例一个一个地记载了下来，用来造福百姓。传说，他的很多药方都是太上老君赏赐的，因为炎帝在鹿原陂的所作所为感动了太上老君。

炎帝也很留恋这个地方，当他的棺木行到此处时，他就不愿走了。人们见此地山环水绕、气象不凡，更因为当地人们的挽留，就在

此地下葬了炎帝，并修建了炎帝陵。

炎帝陵坐落于株洲的鹿原陂，当时只是一个简单的陵墓，在洣水河的一湾名叫斜濑水的地方，向东如黛的水墨青山间，纵深绵延的一个盆地里。

那狭长的盆地之中突兀隆起方圆大约1千米的"翠微高原"，陂上陂下，浑然相连一体的两栋重檐翘角的高大楼宇，金碧辉煌，气势恢宏，这里便是炎帝陵。

斜濑水边，圣陵西侧，一方摩崖石刻"鹿原陂"3个大字，这是后来清道光年间炎陵知县沈道宽手书，笔力千钧，思接千载，传递着深深的"寻根谒祖"的民族感情。

在陂下，便是后来经过修缮的炎帝陵殿。在陂上，便是后来建的公祭区，主体建筑为神农大殿。炎帝陵殿，矗立着炎帝神农氏金身祀像；神农大殿，耸立着炎帝神农氏石雕祀像。

两座炎帝神像尽管风格迥异，意蕴却是一致。炎帝赫赫"八大功绩"，为神农大殿左、右、后3面墙上巨幅石雕壁画内容：

始种五谷以为民食、制作耒耜以利耕耘、遍尝百草以治民恙、织麻为布以御民寒、陶冶器物以储民用、日中为市以利民生、制弧剡矢以御侵凌、居榭造屋以安万民。

陵墓千百年来一直有成百上千的白鹭守卫。每当夕阳西照、彩霞满天的时候，就会有成群结队的白鹭从四面八方飞向炎帝陵，降落在参天古木之上。白鹭为什么会世世代代为炎帝守陵呢？

传说炎帝逝世后，不但人间处处哀痛，就连飞禽走兽也都为之悲伤。飞禽们听到噩耗后，立即召集百鸟商讨，如何报答炎帝的大恩大德。因为是炎帝教人们种五谷作为食物后，才使它们得以休养生息并免遭捕杀的。

百鸟决定派出代表前往吊唁炎帝，就让一队白鹤和一组大雁作为飞禽的特使，前往参加炎帝丧礼。白鹤、大雁受命之后，身披白孝服，口念哀悼词，日夜兼程，不停不歇朝着治丧地方飞去。

因为天高地阔，路途遥远，白鹤、大雁飞了很久才飞到白鹿原。而这时，炎帝的灵柩早已安葬完毕，它们责备自己没有赶上葬礼，就在炎帝陵前天天哀哭。

它们这样虔诚的哀痛感动了玉帝，玉帝下旨给它们正式取名为"白鹭"，并命它们作为天使守卫炎帝陵。所以，炎帝陵的白鹭总是特别多。后人见此奇观，曾作诗歌颂。诗道：

口碑同赞神农业，乔木轻摇太古春。
白鹭护陵花锦簇，苍梧云气共嶙峋。

神农功德同天地，鹿原有幸葬炎帝。
千古遗风说到今，白鹭虔心守炎陵。

我国历朝历代对炎帝陵的维护和修缮都很重视。在汉代，就开始了对炎帝陵的祭祀。

967年，宋太祖钦命在炎帝陵前立庙。同时下诏禁樵采、置守陵户。此后历朝历代，对炎帝陵祭祀、修葺不断。

1186年，衡州守臣刘清之鉴于炎帝陵的炎帝庙比较小，于是奏请朝廷，要扩大规模，重建炎帝庙。

在宋代以后至元代近百年间，朝廷只有祭祀炎帝陵的活动，而没有诏修炎帝陵庙的记载了。到了明代，有关炎帝陵庙的修葺史书记载颇详，较大规模的修葺就有3次：

第一次是1370年，明太祖朱元璋即位后，便诏命遍修历代帝王陵寝，由此炎帝陵庙也得到了一次全面修葺。

第二次是1524年，由酃县知县易宗周主持。这次是在原庙旧址上拓宽兴建，基本上改变了旧庙原貌。

第三次是1620年。酃县县令派人于路旁募款，发起重修。新庙规模虽因循旧制，但庙貌大为改观。

到了清代，对炎帝陵庙的修葺有据可查的有9次。1647年，南明将领盖遇时部进驻炎陵，屯兵庙侧，炎帝陵庙遭到破坏。之后，当地官民士绅及时进行了补葺，但当时修葺未能完善。

1696年，清圣祖康熙帝派遣太仆寺少卿王绅前往炎帝陵告灾致祭。王绅见陵庙破损严重，就回朝廷奏请修葺，康熙帝准奏。由酃县知县龚佳蔚督工，整修一新，但是未能恢复前代规模。

1733年，知县张浚动用国帑，按清王朝公布颁行的古帝王陵殿统一规格重建，陵庙也统称陵殿而正其名。

这次修建，奠定了炎帝陵殿的基本形制，形成了"前三门、行礼亭、正殿、陵寝"的四进格局。整座陵殿为仿皇宫建筑，气势恢宏，体现了我国古代建筑的传统特色。

清朝最大的一次修复炎帝陵，是1837年由知县俞昌会主持、当地士绅百姓募资捐款所进行的一次重修。重修工程自孟夏开始，年底竣工，费时8个月有余。

这次重修后的炎帝陵殿，高大宽敞，金碧辉煌，庄严肃穆，蔚为壮观，各附属建筑，依山傍水，错落有致，与主殿相辉相映，形成了一个统一的整体，也为炎陵山增添了无限秀色。

后又经过多次修缮，重修后的炎帝陵殿，规模较前稍有扩大，整个建筑占地面积3800多平方米。

炎帝陵殿位于炎陵山西麓，是炎帝陵景区的主体景点，沿陵墓南北纵轴线均衡对称布局，坐北朝南，南临洣水，南北长73米，东西宽

40米，面积4936平方米，建筑面积903平方米。

陵殿外修复了咏丰台、天使馆、鹿原亭等附属建筑。整个建筑金碧辉煌，重檐翘角，气势恢宏，富有民族传统风格。

陵园保持了浓郁的建筑风格，红墙黄瓦，古木参天，庄严肃穆，气势恢宏。陵殿分为五进：第一进为午门，拱形石门，高4米、宽2.6米，门前为边长50米的朝觐广场，左右分列为拱形戟门和长方形掖门，门扇均为实榻大门。

午门正中，有一块汉白玉石碑，前嵌盘龙龙陛，取名龙盘虎踞，是天下一统、江山稳固之意。石碑的左右分立雄健的山鹰和白鹿花岗石雕。

关于这两座石雕，还有一个故事。相传炎帝的母亲名叫女登，有一天晚上，她梦见天上的太阳落在怀里，感到又温暖又舒服。一年零八个月后，女登生下一个红球，红球在地上滚了几滚之后裂开，中间坐着一个胖乎乎的男孩，他就是后来的炎帝。

有一天，女登和大家一起去采果实，便把孩子放在一块大石头上，让孩子晒太阳。谁知孩子睡醒后，感到又热又饿，便"哇哇"大哭起来，哭声惊动了山中的生灵。

这时，岩鹰飞了过来，为孩子遮荫扇凉。接着，山鹿也跑过来，为孩子喂奶。孩子歇荫纳凉，吃着鹿奶，又甜甜地睡着了。此后，每当女登离开孩子时，鹰和鹿都会很快过来照顾护理。因此，人们认为鹰和鹿也是炎帝的母亲。

炎帝去世后，为了纪念炎帝的另外两位母亲，人们就雕刻了石鹰、石鹿，安放在炎帝墓冢左右，和炎帝同等祭祀。967年修建炎帝庙时，就将石鹰、石鹿移放在主殿前方的左右两侧了。

第二进为行礼亭，是炎黄子孙奉祀始祖的地方。这里采用庑殿顶，前后檐各四柱落脚的三开间长方亭，面宽14.03米，进深5.53米，亭高8.33米，正上悬挂着一块写着"民族始祖、光照人间"的匾额，亭前嵌双龙戏珠龙陛，取名双龙起舞，是盛世逢年、天下太平之意。

亭中设置香炉、烛台，供人们进香祭拜行礼之用。行礼亭左右为卷棚硬山式碑房，收集了历代告祭文残碑8通。

第三进为主殿，殿前的龙陛为汉白玉卧龙浮雕，卧在炎帝陵前，似走非走，取藏龙卧虎、皇权至上至尊之威。陵殿门额高悬着一块写着"炎黄子孙、不忘始祖"的匾额。

陵殿是重檐歇山顶，面宽21.16米，进深16.94米，占地358.5平方米，殿高19.33米，由30根直径0.6米的花岗岩大柱按四排前廊式柱网排列支撑，上下檐为单翘昂头五彩斗拱，正脊檐角饰鳌鱼兽吻。

殿内天花饰以金龙和玺、龙草和玺、龙凤和玺及旋子式、苏式等彩绘，共绘彩龙9999条。陵殿之中有须弥座神龛，里面供着炎帝神农氏的金身祀像，祀像的两手分执谷穗、灵芝，身前是药篓，左右为木雕蟠龙边柱。

第四进为墓碑亭，采用四角攒尖式屋顶，檐角高翘，高7.1米，长宽各6.4米，亭内也有一块汉白玉墓碑，写着"炎帝神农氏之墓"。

第五进为墓冢，墓冢封土高5.58米，进深6.64米，宽28.9米，墓前石碑的字为清道光七年（1828）知县沈道宽所书的。

在墓碑亭两侧，有拱门道路可通往御碑园。园内古松参天，气象万千。

碑园的东西两侧是碑廊，全长84米，壁上镶嵌明清御祭文碑51通，自宋代以来历史时期有代表性的记事碑5通，共56通。其中保存最久的御祭文碑是1371年朱元璋登基时的告祭文碑。

御碑园的中心是九鼎台，台面外圆内方，圆台直径18米，方台9.999米。主台上有九尊花岗石方鼎，每尊1.2吨。九鼎是我国古代最高权力的象征，寄寓了祖国统一、民族昌盛之意。

在炎帝陵殿中轴线东侧的是神农大殿，面宽37米，进深24米，高

19.6米，由大殿、东西配殿、连廊和两个四方亭组成，大殿外廊挺立着10根高浮雕蟠龙石柱，高5.4米，直径0.8米，蟠龙栩栩如生。

大殿中央座立着炎帝石雕祀像，一手拿谷穗，一手握耒耜，雕像高9.7米，座长8.9米，宽4.7米。雕像两旁立有一对联石柱，上面写着：

> 到此有怀崇始祖；
> 问谁无愧是龙人。

神农大殿的左、右、后3面墙是大型广东红砂岩石雕壁画，画高5.2至7.9米，总长53米，总面积321平方米，壁画内容为歌颂炎帝十大功德。

大殿平台的踏步间，是一块高浮雕九龙戏珠御路石，长3.2米 宽2.8米，厚0.7米，由福建青石整石雕制，重约17吨。

神农大殿以南是祭祀广场。祭祀广场南端的两侧和大殿平台的边上，是双面雕刻百草图案的花岗岩栏板，主要是纪念炎帝遍尝百草、发明医药的雕刻。

二级平台正中，立有一只高浮雕九龙戏珠的石制圆形香炉，高0.98米，直径1.2米，为公祭敬香或焚帛书用；两边立有一对整石雕琢的福建青石香炉，高3.9米，直径1.5米，单重24吨，堪称中华之最。

祭祀大道东边是圣火台，台高40米，台中央立有高3.9米，体积为31立方米的褐红色点火石，正面刻有1.5米高的朱红象形体"炎"字。

台面三层呈宝塔形，每层高0.6米，直径分别为9米、6米、3米的梯形圆台，底层铺设花岗岩石板，外护正方形花岗石栏板，边长100米，取天圆地方之义。

在圣火台上可远眺炎帝陵殿、神农大殿的全貌，能够领略炎陵山恰似卧龙饮水之势。

陵区内还有龙珠桥，由三座拱桥组成，中间是主桥，宽6米，两边

是边桥，宽3米，桥栏板雕刻的是古代乐器图案，分别有琴、筝、竽、笙、笛、箫、云板、编钟、月琴和琵琶。

还有一个朝觐广场，是个正八边形的广场，中轴距离48米，按"乾、坎、艮、震、巽、离、坤、兑"嵌入了"八卦"图案，以纪念炎帝"重演八卦为六十四卦"。

知识点滴

相传神农氏炎帝因误食断肠草而毒发身亡后，跟着他一起采药的胡真官，按照他生前交代的死后将其葬在南方的嘱托，决定将炎帝的遗体安葬在资兴汤市。

举行葬礼的那天有很多人来送葬，几十个运送遗体的人，坐十条木排，溯米水而上。沿河户户点火，表示哀悼。

当木排到了鹿原陂，人们正准备上岸改走旱路时，忽然天上乌云滚滚，河里跃出一条金龙向炎帝遗体点头哀吟。接着轰隆一声，江边的一块巨石开了坼，一个大浪将炎帝遗体卷进石头缝里去了。送葬的人个个吓得不知如何是好。

天上的玉皇听到这个消息后大怒，认为炎帝神农氏劳苦功高，不应该葬在水里，大骂金龙不知好歹，决定要处罚它。

于是把金龙化为石头，龙脑变成龙脑石，龙爪变为龙爪石，龙身变为白鹿原，龙鳞变为原上的大树，永远护卫炎陵。

大禹陵

　　大禹陵在浙江绍兴东南山清水秀的会稽山麓，是4000多年前古代治水英雄大禹的葬地，是一处合陵、祠、庙于一体的古建筑群，高低错落，各抱形势。

　　大禹陵坐东朝西。前为禹池，面对亭山。附近有禹庙，在禹陵的东北面，坐北朝南，是一处宫殿式建筑。

　　禹祠位于禹陵左侧，为二进三开间平屋，祠前一泓清池，悠然如镜，为"放生池"。史籍记载，夏启和少康都曾建立禹庙，千百年来，人们崇敬大禹治水精神，缅怀其功德，祭祀经久不断。

治理洪水的传奇英雄

远古时期,天地茫茫,宇宙洪荒,人们饱受海浸水淹之苦。当时的帝王尧开始起用鲧治理洪水。

鲧带领人们筑坝修堰,费了9年功夫,也没把大水治伏,因而受到流放羽山,也就是后来的山东蓬莱的处罚。也有典籍记述鲧被诛杀于羽山。

舜继承尧的帝位后,洪水仍然是天下大患,舜就命令鲧的儿子,同时也是当时已成为夏部族首领的禹继续治理洪水。

禹,姒姓,名文命,字高密,号禹,禹是夏后氏首领,传说他是帝颛顼的曾孙,黄帝轩辕氏第六代玄孙。他的父亲是鲧,母亲

是有莘氏女修已。

　　禹接受任务以后，率领伯益、后稷等一批忠实的随从，跋山涉水，顶风冒雨到洪灾严重地区进行勘察，从冀州开始，踏遍大地进行实地考察，了解各地山川地貌，摸清洪水流向和走势，制定统一的治水规划，在此基础上才开始治水。

　　禹视察河道，发现自己的父亲鲧治水无功的原因，主要是没有根据水流规律而因势利导，而只是采用了筑堤截堵的办法治水，这种办法的缺点是：一旦洪水冲垮堤坝，便会前功尽弃。

　　因此，禹决定改革治水方法，变堵截为引流，大胆改用疏导和堰塞相结合的新办法。按我国最早的国别体著作《国语·周语》所说，就是顺天地自然，高的培土，低的疏浚，成沟河，除壅塞，开山凿渠，疏通水道。

　　禹亲自翻山越岭，淌河过川，拿着工具，从西向东，一路测度地

形高低，树立标杆，规划水道。他带领治水的人们走遍各地，根据标杆，逢山开山，遇洼筑堤，以疏通水道，引洪水入海。

经过13年的努力，禹开辟了无数的山，疏浚了无数的河，修筑了无数的堤坝，使天下的河川都流向大海，终于治水成功，根治了水患。

有传说认为，当年的水灾都是因为天上的水神共工造成的。共工是个坏水神，性情凶狠，处事蛮横，专与华夏之民作对。他经常在心血来潮时，施展神力，呼风唤雨，用洪水伤害天下的人们，把人间弄得一片汪洋。

禹找到共工，劝说不要再呼风唤雨和发洪水坑害人们。但共工根本不听禹好言相劝，还反驳说："我发我的水，和你有什么关系？"

禹只好水里来，水里去，顶风冒雨，察看地形，寻找黄河向东的出路。

共工一看禹一心要治住洪水，疏导黄河，顿时火冒三丈，几乎将自己的全部神力都使了出来，于是，中原一带的洪水四处漫溢，到处横流，洪水更大了。

禹东奔西跑，费尽了力气，地上的水却越聚越多，黄河水也是四处乱窜。因为共工捣乱，黄河没法疏导了。禹忍无可忍，决心带领人们驱逐共工。

禹把随他治水的应龙、黄龙、白龙、苍龙都叫来，并鼓励人们一起出战。由于共工四处作恶，早就声名狼藉，大家一听说禹要赶走共工，纷纷前来参战。禹带着大家在水中拦住共工，双方厮杀起来，整整大战了一个月。

禹带着人们轮流上阵，共工渐渐疲惫不堪，败下阵来，仓皇而逃。但大禹穷追不舍。共工眼看自己在劫难逃，便向禹下跪，发誓永远不再侵犯华夏，再也不发水行恶了。禹心一软，放走了共工。

禹率领大家赶走共工后，一鼓作气，把洪水排完，又马不停蹄地

把黄河疏导到东海,并用太行山的石头在黄河两边筑起又高又厚、十分坚固的堤岸。这样一来才治理好了水灾。后来,春秋时期的著名思想家孔子,曾颂扬禹治水的功德说:

> 我简直找不到他的一点缺点,他的官室简陋却没有想到改善,而是尽全力平治水土,开凿沟洫,发展农耕,鼓励人们从事劳动。

禹治水成功,除了方法正确,另一重要原因就是他一心为公,有吃苦耐劳、身先士卒、不畏艰险、锲而不舍的精神。

后来战国末期思想家韩非所著的《韩非子·五蠹》记述禹"手执耒锤,以民为先"。说他手拿治水工具,亲自参加劳动,给参加治水的人做出了好榜样。

由于禹常年奔波在外,人消瘦了,皮肤晒黑了,手上长满了老茧,脚底布满了血泡,腿上的毛磨光了,连束发的簪子和帽子掉了也顾不上收拾。

人们见了纷纷心痛流泪。因此,后来嵩山一带还流传着许多禹治水的动人故事。

传说禹为了完成治水重任,与涂山氏女娇新婚不久,他就离开了妻子,重又踏上了治水的道

路。后来,他第一次经过家门时,听到他的妻子因分娩而呻吟,随后还有婴儿的"哇哇"哭声。人们劝他进去看看,他怕耽误治水,没有进去。

第二次经过家门时,禹的妻子正抱着他的儿子启教儿子朝爸爸挥手,让儿子叫禹为爸爸。此时正是治水忙碌的时候,禹虽然看到了妻儿,他也只是挥手打了下招呼,就继续忙着去治水了。

禹第三次经过家门时,他的儿子已经长到10多岁了,跑过来使劲把禹往家里拉。禹深情地抚摸着儿子的头,告诉儿子,水灾尚未治理好,没空回家,就又匆忙离开了,还是没进家门。

禹在外13年,没回过一次家。禹三过家门而不入,正是他劳心劳力治水的最好证明。

关于禹的神话故事还有很多。嵩山还有个传说,说禹治水时,要在介于太室山和少室山之间的轩辕山打出一条疏洪泄流的通道,他

顾不得回家，便与妻子涂山氏女娇约定，以击鼓为号，把饭送到山上。

由于轩辕山山坚石硬，禹想用神力开山，他就摇身变成了一头大熊，运用功力，一会就掀掉了半座山。当他正干得起劲时，一块崩裂的石头砸到了皮鼓，禹的妻子听到了鼓声，误以为是禹发出的信号，便连忙烧火做饭。

当女娇拖着怀孕笨重身体到山上送饭时，她东张西望却不见禹的踪影，只看到了一头威猛的大黑熊在奋力挖山，把她吓得扭头就跑。

禹回头见是妻子，就跑上前去迎接妻子，却又忘了还原成人形。女娇见大熊向自己跑来，一急之下，顷刻间化作了一块巨石。

禹见妻子变成了大石头，才猛然想起自己还没有变回原形，他伤心地抱着石头大哭，眼泪流到石头上，浸透了石头，石头裂开了，里面传出来孩子的哭声，禹的儿子诞生了。

禹为了纪念妻子，就给他的儿子起名叫"启"，也就是"石头裂开"的意思。于是，后人便称这块裂开的巨石为"启母石"。

西汉武帝游览嵩山时，也被这个传说所感动，就下令在嵩山修建了启母庙。虽然后来启母庙荡然无存了，可是，东汉时在庙前修建的启母阙还依然保留着。从残存的碑文中依稀可见汉代对禹治水的记述和对启母涂山氏助夫治水的颂扬。

由于禹治水成功,当时的帝王舜在隆重的祭祀仪式上,将一块黑色的玉圭赐给了禹,以表彰他的功绩。不久,又封禹为伯,把夏作为禹的封国。禹在天下的威望达到了顶点。

人们都称颂他说:"如果没有禹,我们早就变成鱼和鳖了。"

帝王舜称赞禹说:

禹啊禹!你是我的胳膊、大腿、耳朵和眼睛。我想为民造福,你辅佐我;我想观天象、知日月星辰、作文绣服饰,你谏明我;我想听六律五声八音来治乱,宣扬五德,你帮助我。

你从来不当面阿谀背后诽谤我,你以自己的真诚、德行和榜样,使朝中清正无邪。你发扬了我的圣德,功劳太大了啊!

舜在位33年时，正式将禹推荐给了上天，把天子位禅让给了禹。舜在南巡中逝世。3年治丧结束后，禹避居夏地的一个小城，将帝位让给了舜的儿子商均。

当时，天下诸侯都离开商均去朝见禹。于是，在诸侯拥戴下，禹正式继承了天子位，以安邑作都城，也就是后来的山西夏县，并定国号为夏，改定历法称为夏历，以建寅之月为正月。

当了天子的禹更加勤奋地为人们谋利，他诚恳地招揽士人，广泛地听取人们意见。有一次，他出门看见一个罪人，竟下车问候并哭了起来。

随从问禹："罪人干了坏事，您为何可怜他？"

禹说："尧舜的时候，人们都和尧舜同心同德。现在我当天子，人心却各不相同，我怎能不痛心？"

仪狄造了些酒,当了帝王的禹喝了以后,感到味道很醇美,就给仪狄下命令,要他停止造酒。他说:"后代一定会有因为饮酒而亡国的。"

禹想把大地上的情况都了解清楚,就命令两个神将丈量大地。禹把自己治理下的国土分成9个州,就是冀、兖、青、徐、扬、荆、豫、梁、雍。他还调查了九州民间的疾苦和需求等。

后来,禹收集九州的铜,在荆紫山脚下,用自己出生地郁山的煤炭将这些铜铸成9个巨大的宝鼎。每个宝鼎需要90000人才能拉动,同时运走9个宝鼎需要九九八十一万人。

禹把九州和各种毒蛇猛兽、魔鬼精怪的形象,都刻在鼎上,据说这些鼎后来就在洛阳化成九龙飞天而去了。

禹在位第十年南巡过江时,一条黄龙游来,拱起大船,船上的人很害怕。禹仰天叹息道:"我受命于天,活着靠上天的佐助,死了要回到天上去。你们何必为这一条龙而感到担忧呢?"

黄龙听到禹这一席话,摇摇尾巴,低下头就不见了。禹到涂山,在那里大会天下诸侯,献上玉帛前来朝见的诸侯竟达万名之众。

禹在帝位15年后逝世,庙号圣祖。大禹是后世人们对他的尊称,也就是"伟大的禹"的意思。

大禹是夏朝的第一位天子，因此后人也称他为夏禹。他是我国传说时代与尧、舜齐名的圣贤帝王，他最卓著的功绩，就是历来被传颂的治理滔天洪水，又划定我国国土为九州。

禹去世后被安葬在浙江绍兴的会稽山上，后来遗存了禹庙、禹陵、禹祠。从秦始皇开始，历代帝王都要去禹陵祭祀他。

知识点滴

传说黄河水神河伯常常查水情、画河图，当禹治水时，他决定把黄河河图传给禹。

一天，河伯听说禹将到黄河边，他就带着河图从水底出来寻找禹。由于他和禹从没见过面，他将后羿认成了禹。

河伯高声问后羿："我是河伯，你是大禹吗？"

后羿一听是黄河水神河伯，想到许多人性命被水灾夺走了，顿时怒冲心头，就拔箭射中了河伯左眼。

河伯非常生气，想撕水情图。正在这时，传来一声大喊："河伯，不要撕图！"

河伯忍痛一看，对岸一个头戴斗笠的人，拦住了后羿。这人才是禹，他向后羿讲明了情况。禹对河伯说："我是禹，特来找你求教治理黄河的办法哩！"

河伯说："治河办法都在这张图上，给你吧！"

禹展开图一看，图上水情画得一清二楚。他得了水情图，日夜不停，根据图上指点，终于治住了黄河。

会稽山麓的英雄葬地

禹陵坐东朝西,由禹陵、禹祠、禹王庙三大建筑群组成。禹陵入口处有一块青石牌坊,高12米、宽14米,高大古朴。牌坊顶为双凤朝阳,庄重典雅,雕刻精美,柱端为古越人崇拜的神鸟鸠。

在牌坊前,有一横卧的青铜柱子,名龙杠。龙杠上有"宿禹之域,礼禹之区"的铭文。龙杠两侧各有一柱,名拴马桩。

凡进入陵区拜谒者,上

至皇帝，下至百姓，须在此下马、下轿，步行入内，以示对大禹的尊崇。

龙杠后是一条长100余米的神道，神道两旁安放着由整块石头雕塑的熊、野猪、三足鳖、九尾狐、应龙等。相传这些神兽都是帮助过大禹治水的神奇动物或大禹自己所变。

从神道经过禹陵广场，跨过禹贡大桥，在甬道前古朴的棂星门下，就能望见大禹陵碑亭。高大肃穆的大禹陵碑，"大禹陵"3字是1540年绍兴知府南大吉楷书并勒石，字体豪放而雄浑，有顶天立地的气概。

石碑漆了朱红色，耀眼夺目。碑前的两棵百年盘槐，夏天碧绿葱茏，冬则虬枝如铁。碑后就是禹王山，相传大禹就被葬在这里。

大禹陵碑的右侧，是咸若亭、碑廊和菲饮泉亭。咸若亭为1164年所建的一石结构亭，六角、攒尖、三层、镂空雕饰，极具特色。

"咸若"一词，来源于我国最古老的历史文献《尚书·皋陶谟》中。据记载，大禹与司法官皋陶讨论如何实行德政、治理国家时，大禹说：

吁！咸若时，惟帝其难之。

意思就是，万物若能顺其自身的规律，就能得到它的好处。

咸若亭上面刻有"好生遗化"4个字。建此亭，不仅是颂扬大禹的教化之德，更表达了人们对他的美好期望。

碑廊陈列着部分祭禹碑，主要有秦始皇祭禹陵所留《会稽刻石》等。

菲饮泉的泉水四季不涸，清凉甘洌，人们饮水思源，禹功大德盛，便用大圣人孔子评价禹的话"菲饮食而致孝乎鬼神"而命名此泉为"菲饮"，用来纪念、缅怀大禹。

位于禹陵左侧的是禹祠，共两进院落，中间以天井相隔。第一进内陈列着《大禹治水》、《稽功封赏》砖雕；第二进内有大禹塑像，还陈列着大禹在绍兴的遗迹图片和《姒氏世谱》及记载历代祭禹情况的《祀禹录》等。

廊下壁间嵌有清代毛奇龄《禹穴辩》和昝尉林所书"禹穴"碑。在禹祠的左侧有一井,名为"禹井",相传是禹开凿的。这里还有个亭子名叫"禹井亭",其楹联是后人补书,联道:

德泽被万方,轨范昭百代。

意为华夏人们都得到了大禹的恩惠,他为民忘私,不屈不挠的美好品德是人们的楷模,光照后世。

禹庙是大禹陵区的主要建筑之一,位于禹陵的右侧,始建于545年,它是我国历史上最悠久的祭祀、供奉大禹的庙宇。

禹庙的整个庙宇顺山势而逐步升高,高低错落有致,雄伟壮观。密集的斗拱,梁上的绘画,质朴而巧夺天工。庙内自南向北依次分布有辕门、照壁、岣嵝碑亭、棂星门、午门、拜厅、大殿等建筑。

照壁前为岣嵝碑亭,亭子是清代咸丰年间所建。亭中有一碑,人

称"岣嵝碑"。因最早立于湖南衡山岣嵝峰而得名。

岣嵝碑是明代翻刻的,文字奇古,记述了大禹治水的经过和功绩,又名"禹王碑"。禹王碑是在1541年冬天,绍兴知府张明道据湖南岳麓书院拓本摹勒;碑文凡77字,有明代大学者杨慎的释文。

岣嵝碑亭前是午门,包括宰牲房和斋宿房。午门有3门,中门常闭,据说只有举行祭禹典礼和皇帝祭禹时才能打开,而且只有帝王才可以跨越中门。

穿过午门,走过一段石板路,登上百步禁阶即到拜厅。拜厅,也称祭厅,是祭祀的地方。而百步禁阶是一个类似于台阶的东西,其实它并没有100步,只有39步。这39步的台阶,是因为过去人们拜见帝王,都要行三拜九叩的大礼,所以含有"三拜九叩"的意思。

百步禁阶前有一鼎,铭曰:缵禹之绪。意为继承大禹事业。拜厅和大殿之间还有乾隆皇帝在此祭禹后留下的诗碑,又称"御书碑"。

大殿是整个禹庙建筑群的最高建筑物。禹庙的大殿的层脊，有后来的康熙皇帝所题的"地平天成"4个字，意思是大禹治平大地水患，造福人间。

殿内大禹塑像高6米，头戴冕旒，手执玉圭，身披朱雀双龙华衮，雍容大度，令人望而起敬。殿内还陈列了鼓、磬等祭祀禹的礼器。

禹庙的大殿侧有窆石亭，因有窆石而得名。传说窆石是大禹下葬时的工具，是在大禹下葬时，从北川飞来的。窆石上，有自东汉以来的许多文人学者留下的题刻。

在窆石亭的旁边，有禹穴、石纽碑，都是在清光绪年间，根据大禹的出生地四川北川那里的禹穴、石纽拓片勒石而成的。

大禹陵是重要的历史遗迹，具有丰富而深刻的历史、人文和艺术价值，特别是蕴含的大禹治水精神，非常值得弘扬和发展。

知识点滴

相传，大禹治水时，有一条河道被万安山挡住，河水乱流，使居住在附近的人们叫苦连天。于是，大禹就带领大家一起挖万安山，但奇怪的是，这座山白天挖一尺，晚上就长一丈，怎么也挖不通。

大禹奇怪了，就去问万安山的土地神。土地神告诉他说："这座万安山下埋着一条恶龙的尾巴，要是想挖山，得有二郎神的神斧才行。"

大禹听后，就向二郎神借来了神斧，运足气力劈开了万安山。万安山被使用神斧的大禹劈开后，河道疏通了，原本连在一起的山峦也裂开了，形成了后来的嵩山和伏牛山。

汉阳陵

汉景帝刘启是汉文帝刘恒的长子，是西汉的第六位皇帝。在位16年，他在执政期间平定七国之乱，勤俭治国，发展生产，是位贤明的皇帝。驾崩后，谥号孝景皇帝，葬于汉阳陵。

汉阳陵，又称阳陵，是汉景帝刘启及其皇后王氏同茔异穴的合葬陵园，占地面积20平方千米，位于陕西咸阳的咸阳原上，始建于公元前153年，至公元前126年竣工。

整个陵园以帝陵为中心，四角拱卫，南北对称，东西相连，布局规整，结构严谨，显示了至高无上的皇家权威。

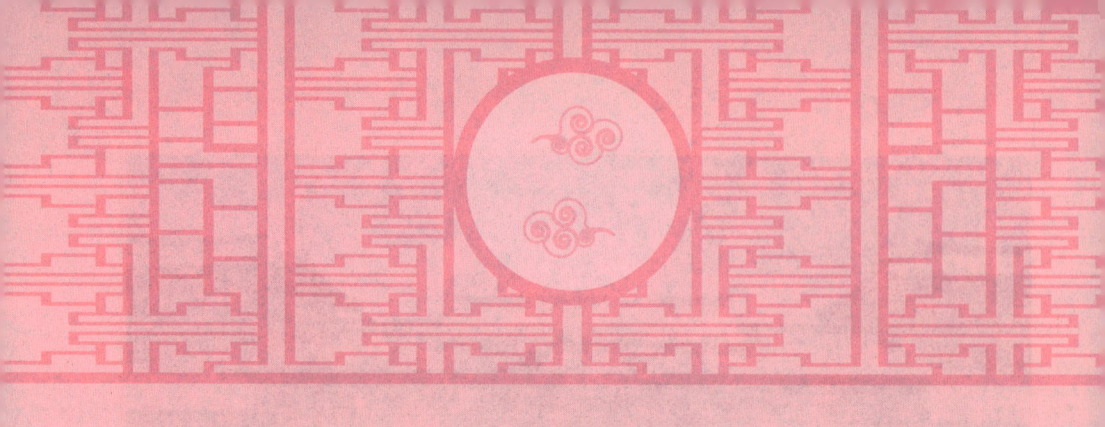

贤明的汉景帝刘启

公元前188年，刘启出生在山西平遥。他是汉文帝刘恒的长子，母亲是汉文帝的皇后窦氏。在公元前179年，刘启被立为皇太子。

有一天，吴王刘濞的儿子与刘启下围棋，因为下棋时两人出现争执，吴王的儿子对身为皇太子的刘启出言不逊，刘启就拿棋盘砸他，结果把吴王的儿子打死了。这使刘濞大为恼火。

当汉文帝派人将尸体运回吴国时，吴王刘濞十分愤怒，从此称病不上早朝。汉文帝体谅他的心情，就准许他不用朝请。但吴王刘濞不但没有和好的意思，反而更加骄横。

公元前157年时，汉文帝驾

崩，刘启即皇帝位，为汉景帝。在刘启即位后，吴王刘濞的势力也慢慢壮大起来。这时，御史大夫晁错认为各地的诸侯王势力太过雄厚，可能会对江山不构成威胁，就向刘启建议，削夺各位诸侯王的封地，把封地都收回朝廷手中。晁错呈给景帝名为《削藩策》的计谋，力主"削藩"，文章里说：

> 今削之亦反，不削亦反。削之，其反亟，祸小。不削，其反迟，祸大。

刘启采纳了晁错的"削藩"建议，在公元前154年时，他以各种名义先后削去了楚王戊的东海郡、赵王遂的常山郡和胶西王的6个封地。

当削地的诏书送至吴国时，早已对刘启心怀不满的吴王刘濞凭借他的实力，立即以越城为据点，联合起其他不满被削减封地的6个诸侯王，打着"诛晁错、清君侧"的旗号起兵反叛了。

刘濞发兵20万，号称50万，同时又与匈奴、东越、闽越贵族勾结，举兵西向。叛军打到河南时，被刘启的弟弟梁孝王刘武拦住了，

但刘武兵力不足，难以抵挡叛军的攻击。

刘启善于用人，派太尉周亚夫与大将军窦婴率36名将军，以奇兵断绝叛军的粮道，仅仅3个月的时间，军队就大破叛军。刘濞逃到东瓯，为东瓯王所杀。其余六王皆畏罪自杀，反叛的7国最终都被废除。

刘启又借机削减诸侯国领土和把诸侯任免官吏的权力收回，自此，诸侯名义上是封君，但已失去政权了。七国之乱在短短3个月之内就分出了胜负，都是因为百姓们拥护刘启、臣子们信任刘启，而且刘启本人爱惜人才良将，知人善任。

刘启作为皇帝，却不迷恋奇珍异宝，而是非常重视农业的发展。他执行重农抑商的国策，还说：

> 农，天下之本也。黄金珠玉，饥不可食，寒不可衣，以为币用，不识其始终。

刘启多次下令郡国官员要以劝勉农桑为首要政务，还允许居住在土壤贫瘠地方的农民迁徙到土地肥沃、水源丰富的地方从事垦殖,并"租长陵田"给无地少地的农民。同时,刘启还多次颁诏打击那些擅用民力的官吏,从而保证了正常的农业生产。

刘启是个非常重视教育的皇帝。在社会经济的恢复及发展已达到相当的程度时,刘启逐渐重视文教事业的发展。他任命文翁为蜀郡太守,首创了郡国官学,对文化的传播起了重要作用。

刘启一面弘扬文教礼仪,一面又打击豪强。为了保证上令下达,他果断地采取了两项重要措施:

一是把部分豪强迁至阳陵邑,使他们宗族亲党相互分离,削弱他们的势力。

二是任命执法严厉的宁成做中尉,严厉镇压那些横行郡国、作奸犯科的人。使那些不遵守法规的豪强和官僚们个个惶恐不已,大大收敛了自己的行为,保证了国家的治安和发展。对于敢大胆进谏的程不识,景帝让他做太中大夫,负责评议朝政。

在刘启多重政策治理下的汉朝,人口翻番,国内殷富,府库充实。据说在刘启的统治后期,因为国库里的钱太多,连串钱的绳子都磨烂了。国内所有的粮仓也都是满的,放不下的粮食只能露天放置,多得甚至都霉腐了。

在对抗外敌方面,刘启也十分理智。当时,强大的外敌匈奴骑兵南下进击汉地,烧杀抢掠,严重威胁着刘启的王朝。但是对当时的汉朝来说,出兵反击彻底清除外敌的条

件仍不成熟。在这种情况下，刘启冷静地选择有战有和的策略。

他坚持和亲政策，缓和了两国的军事冲突，为经济发展赢得了时间，也为后来反击匈奴做了充足的准备。但刘启并不是对外敌一味妥协，他再一次展现出了知人善任的帝王风采，多次派出李广、程不识和郅都等一批卓越的将领在反击战中进行了必要的抵御。

公元前141年正月，刘启患病，病势越来越重，他就在病中为太子刘彻主持加冠，临终前，刘启教导太子刘彻不但要知人、知己，还要知机、知止。为太子加冠后不久，刘启病死在长安的未央宫，享年48岁，葬于阳陵，谥号"孝景"皇帝，史称汉景帝。

汉景帝刘启是位性格坚强、善于充分谋划又有责任心的明君。他勤俭治国，发展生产，其统治时期与汉文帝的统治时期有"文景之治"的美誉。

知识点滴

刘启是个有原则、不计旧仇，而且宽厚仁慈的人。他做事有自己的标准，该爱护的爱护，该惩罚的惩罚，做得很公正。

有一次，刘启在宫宴上喝酒后戏言说，将来要把皇位传给弟弟梁王刘武，此话一出，立即遭到了耿直的窦婴的反对。其实窦婴不知道，刘启心里明白母亲窦太后喜爱梁王，因此只是说着哄母亲开心而已。

但是刘武开始居功自傲起来，在自己的王国建造豪华的宫殿，出行时也用皇帝才用的旗子，把刘启曾经说过让他即位的话当真了。但刘启没有计较刘武的作为，在刘武病逝后，他将弟弟的5个儿子分别封了王。

布局规整的合葬陵

汉阳陵又称阳陵,地跨咸阳、泾阳、高陵三个县区。汉阳陵始建于公元前153年,一直到公元前126年竣工,修建时间长达28年。

汉阳陵陵园东西长近6千米,南北宽1千米至3千米,由帝陵,后陵,南、北区从葬坑,刑徒墓地,陵庙等礼制建筑、陪葬墓园及阳陵邑等部分组成。其中,帝陵坐西面东,居于陵园的中部偏西;后陵、南区从葬坑、北区从葬坑等都分布在帝陵的四角;嫔妃陪葬墓区和罗经石遗址位于帝陵南北两侧,左右对称。

刑徒墓地及三处建筑遗址在帝陵西侧,南北一字排列;陪葬墓园

棋盘状分布于帝陵东侧的司马道两侧；阳陵邑则设置陵园东端。

整个陵园为正方形，以帝陵为中心，四角拱卫，南北对称，东西相连，四边中央各有一门，都距帝陵封土110米。布局规整，结构严谨，极具威严神圣的皇家规格。

帝陵的封土高约31米，陵底边长160米，顶部东西54米，南北55米。在汉景帝阳陵帝陵封土南面现存有5通石碑。其中有后来明代时皇帝派遣大臣祭祀汉景帝后所立的两通御制祝文碑。1776年，清代时陕西巡抚毕沅所立的一通汉阳陵正名碑，剩下的两通是保护标志碑。

明代时的两通祝文碑为嘉靖祝文碑和天启祝文碑，分别立于1522年和1621年。嘉靖祝文碑是青石制作的，圆形的顶端，方形的底座，通高132.5厘米，碑首宽66.5厘米，碑身宽64厘米，厚23厘米。

嘉靖祝文碑的碑首篆额了"御制祝文"4个字，呈正方形排列。字的周围刻有双龙捧日的图样及云纹，碑面四边用祥云纹饰装饰着。碑文是用楷体阴刻上去的，上面写着：

维嘉靖元年岁次壬午五月丙午朔初八癸丑，皇帝遣隆平侯张玮致祭于汉景皇帝曰：惟帝克守先业，致治保民，兹于嗣统，景慕良深，谨用祭告。尚飨。

天启祝文碑也是用青石制的，圆形顶端，底座是椭圆形。天启祝文碑通高195厘米，宽75厘米，厚18.5厘米。碑首同样篆额着"御制祝文"4字，字周围是云龙的纹样，碑面的四边也是祥云纹饰。碑文写着：

> 维天启元年岁次辛酉七月丙申朔初七日，皇帝谨遣锦衣卫加正一品俸都指挥使侯昌国致祭于汉景皇帝曰：惟帝克守先业，致治保民，兹于嗣统，景慕良深，谨用祭告。尚飨。

在帝陵的东南方，地形隆起，外貌呈缓坡状，平面近方形，边长约260米，外围有壕沟环绕。这一块遗址中心部分的最高处放置着一块方形巨石，叫做"罗经石"，按正南北方向放置。

罗经石是在修建汉阳陵时，用来标定水平、测量高度和标示方位的，是发现最早的测量标石。这处遗址地势高亢，布局规整，规模宏大，是汉阳陵陵园中最重要的礼制性建筑之一。

汉阳陵出土的汉俑十分精巧。他们只有真人的三分之一大小，约0.6米高，赤身裸体且没有双臂。

这些陶俑在刚刚完工时都身着各色美丽的服饰，木制的胳膊可以灵活转动，但经过千年的风霜之后，衣服与木胳膊都已腐朽，因此只剩下了裸露而残缺的身躯。兵马俑中有一部分

是女子，大多面目清秀，身材匀称，但也有一些颧骨突起，面貌奇异，可能是当时的异民族兵员。

比起秦始皇兵马俑的肃穆与刚烈，汉阳陵的汉俑显得平和而从容，正反映了"文景之治"中安详的社会氛围。

汉阳陵磅礴大气，集历史文化与古代艺术为一体，还有数量众多的陪葬墓园，围沟完整，布局规整，排列有序，是一座经过精心设计和安排的帝王陵墓。

知识点滴

门阙是我国古代宫殿、官府、祠庙、陵墓前由双阙组成的出入口。

汉阳陵陵园的南门阙是目前发掘的时代最早，等级最高，规模最大，保存最好的三出阙遗址，它的发掘对于门阙的起源、发展，门阙制度的形成、影响，以及我国古代建筑史的研究等有着重要作用。

此外，南阙门遗址还出土有目前发现最早的砖质围棋盘、陶质脊兽和最大的板瓦等。汉景帝陵园的西北部还有块修陵人的墓地。

唐太宗昭陵

　　昭陵是唐朝第二位皇帝李世民的陵墓，是陕西关中"唐十八陵"中规模最大的一座，位于陕西礼泉的九嵕山上，开创了唐代帝王依山为陵的先例。

　　昭陵陵园周长60千米，占地面积200平方千米，共有陪葬墓180余座，被誉为"天下名陵"，是我国帝王陵园中面积最大、陪葬墓最多的一座，也是唐代具有代表性的一座帝王陵墓。与此同时，昭陵的风水也是我国历代帝陵中最佳的。

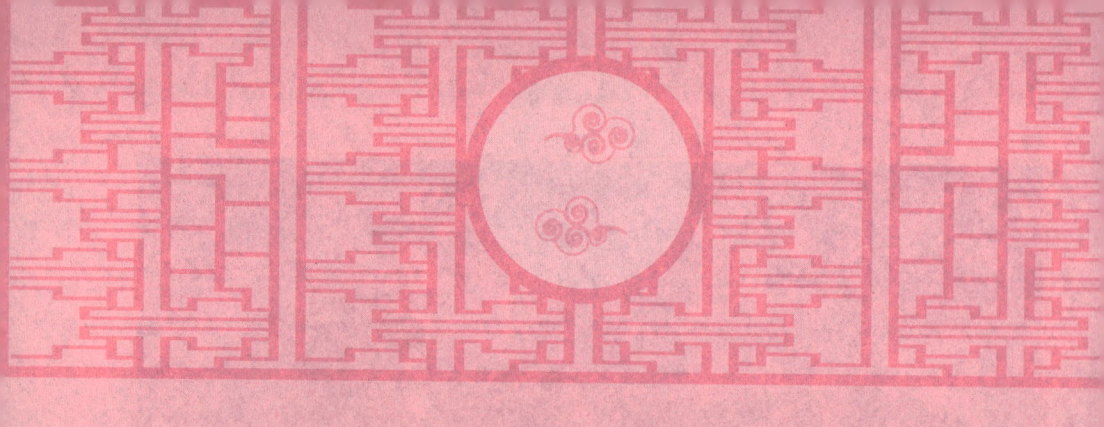

帝陵中的最佳风水宝地

在广袤千里的关中平原北部,有一道横亘东西的山脉,山峦起伏,冈峰横截,与关中平原南部的秦岭山脉遥相对峙。

这道山脉在礼泉突兀而起有一座山峰,海拔高达约1.2千米,它的周围均匀地分布着九道山梁,把它高高拱举。因为古代把小的山梁称为嵕,所以它得名九嵕山。

唐太宗带兵打仗和狩猎时,曾经多次经过九嵕山一带,常常赞美九嵕山的挺拔奇绝和美丽风光。后来,他把陵墓的位置定在了九嵕山。

皇家陵园要建在这九嵕山峰之上,其中的

原因，据说是因为长孙皇后。似乎首先提出"因山而葬"的是长孙皇后，唐太宗是为了遵照皇后的遗言，才为她选择了九嵕山作为陵墓，然后也决定把这里作为自己的陵墓。

636年，唐太宗的长孙皇后病危。临终之时对唐太宗叮嘱后事说：

> 今死，不可厚费。且葬者，藏也，欲人之不见。自古圣贤皆崇俭薄，唯无道之世，大起山陵，劳费天下，为有识者笑。

> 但请因山而葬，不须起坟，无用棺椁，所须器服，皆以木瓦，俭薄送终，则是不忘妾也。

其实，可能早在长孙皇后去世之前，唐太宗就已选定了九嵕山作为自己与皇后的陵墓，只不过是皇后先崩，提前说出了她与唐太宗商量后的归宿之地而已。

唐太宗要选择九嵕山作为他和皇后的陵墓的原因，如果按照唐太宗的说法，是为了节俭和防盗。除此之外，九嵕山的地理环境也完全符合唐代风水师们所重视的风水条件。

我国古代的陵墓堪舆风水之说，伴着姓氏的不断扩大及五行阴阳之说的流传而逐渐完善，早在南北朝时期，就已经有百余部关于陵墓风水的著作问世了。

唐朝之前的风水师们虽然对风水学说各持己见，却都一致认为陵墓风水的好坏可以决定后世子孙的祸福，并基本形成了一套评定风水好坏的理论。

唐太宗承认了风水之说的文化地位，也同意了风水学所认定的帝王陵墓风水的最佳条件。

一是，陵墓要建在地势高的地方，这样既可显示出帝王至高无上的地位，又能防止水浸泡陵墓；二是陵墓背面要有山，山后面也必须要有水环绕。背靠大山是后代江山稳妥牢靠的意思，山后有水则寓意着世代富贵取之不竭；三是陵墓前面和两侧要有较低的山势，为陵墓起烘托作用。最前面的地形要一马平川，豁亮开阔，寓意天下太平；四是陵墓最前面也要有水经过，作为陵墓的前边界，与陵后的水遥相呼应。

而这些条件，九嵕山恰恰全部满足了。它地处渭北平原，海拔570米左右，山后有群山拱卫，也有滔滔的泾水；山前左右有众山罗列，再往前便是沃野千里的关中平原，而浩荡的渭水又东西横穿关中平原，还从古长安城下穿过，形成了"渭水贯都"的奇妙景观。

由于九嵕山绝佳的风水位置和挺拔奇绝的美丽风光，李世民决定在九嵕山之上建立自己的陵墓，并将陵墓取名为昭陵。

知识点滴

唐太宗李世民称帝时，找来风水术士李淳风和袁天罡，让他们分头出行，为自己百年之后选择一处安身之处。

二人领旨之后，相约南北分路而行。李淳风往北走，到了陕西礼泉，发现九嵕山直插云天，尽显王者霸气。于是，李淳风在一道山梁的中间找准了一处穴位，并埋下一枚铜钱以作标志，然后就离开了。而袁天罡往南走，也到了礼泉。他也认为九嵕山是风水宝地，就把一根银针插在了他认为满意的地方。

二人回到京城后，一起到宫中回禀。唐太宗李世民听到二人都选在九嵕山，深感惊讶，就和他们一起去查验，结果发现，袁天罡的银针正好从李淳风埋设的铜钱孔眼中插入。李世民十分惊奇，因此将九嵕山定为了陵墓的所在地。

宏伟壮观的皇家陵园

昭陵是由唐代阎立德、阎立本兄弟精心设计的。其平面布局既不同于秦汉以来的坐西向东，也不是南北朝时期"潜葬"之制，而是仿照唐长安城的建制设计的。

长安由宫城、皇城和外廓城组成。宫城居全城的北部中央，是皇帝起居的地方，皇城在宫城之南，为百官衙署，外廓城从东南西三方拱卫着皇城和宫城，是居民区。

昭陵陵寝居于陵园的最北部，相当于长安的宫城，可比拟皇宫内宫。在地下是玄宫，在地面上围绕山顶堆成建为方形小城，城四周有

四垣，四面各有一门。

刚建乾陵时，曾经架设过栈道，栈道长400米，即230步，长孙皇后先葬于玄宫，由于唐太宗与长孙皇后伉俪情深，唐太宗在长孙皇后下葬后仍未下令拆除栈道，反而在栈道旁建造房舍供宫人居住，让她们像长孙皇后仍然在世般那样。直到唐太宗入葬进昭陵，栈道才被拆除，使昭陵与外界隔绝开来。

长孙皇后入葬的玄宫深250米，有石门五道，中间为正寝，是停放棺椁的地方，东西两厢排列着石床。床上放着许多石函，里面装着殉葬品。墓室到墓口的通道由3000块大石砌成，每块石头都有两吨重，石与石之间相互铆住。

根据我国史书《旧五代史．温韬传》的记载，玄宫的宫室"制度闳丽，不异人间"，陵墓的外面也建造了华丽的宫殿，苍松翠柏，巨槐长杨。我国著名诗人杜甫在《重经昭陵》诗中说：

灵寝盘空曲，熊罴守翠微。
再窥松柏路，还见五云飞。

在主峰地宫山之南面，是内城正门朱雀门，朱雀门之内有献殿，是朝拜祭献用的地方。在这里曾出土残鸱尾一件，高1.5米，宽0.6米，长1.1米，因此献殿的屋脊，其高应在10米以上，而门阙之间约5米，恰

在献殿正中。

在主峰地宫山之北面,是内城的北门玄武门,设置有祭坛,紧靠着九嵕山的北麓,南高北低,用五层台阶组成,越往北伸张越宽,平坦而略呈梯形。在南三台地上有寝殿,东西庑房,阙楼及门庭,中间龙尾道通寝殿,是昭陵特有的建筑群。

司马门内列置了14国君长的石刻像:突厥的颉利、突利二可汗,阿史那社尔、李思摩、吐蕃松赞干布,高昌、焉耆、于阗诸王,薛延陀、吐谷浑的首领,新罗王金德真,林邑王范头黎,婆罗门帝那优帝阿那顺等。

这些石像刻立于高宗初年,反映了贞观时期国内各民族大团结、唐对西域的开拓以及与邻邦关系的盛况。古人曾形容这些石像为

高逾常形,皆深眼大鼻,弓刀杂佩,壮哉,异观矣!

后来发现的石像,都高不过2米,连座约3米许,并未超过常形,

头像残块可以看出确实有眼窝深鼻梁高的人，有满头卷发的人，有在头上缠着辫子的人，有发型是头发中分向后梳拢的人，有戴头盔的人，但没有佩戴武器的人。服装有翻领和偏襟两种。因此，可说这些石刻像的雕刻是十分形象生动的。

因为九嵕山绝佳风水位置，围绕着昭陵还有着许多陪葬墓。据昭陵有碑及出土墓志记载：陪葬者可以享受国葬的规格，丧葬的费用由官府来出，有的官员可以立碑，有的赠米或布帛，有的赏赐衣物等。

唐太宗与长孙皇后的昭陵共有陪葬墓180余座，主要有长孙无忌、程咬金、魏徵、秦琼、房玄龄、长乐公主、韦贵妃等墓，还有少数民族将领阿史那社尔等15人之墓。昭陵还分布有功臣贵戚等陪葬墓167座，已知墓主姓名的有57座，形成一个庞大的陵园。

这些陪葬陵中有为纪念战功而起冢者，如李靖墓起冢象阴山、积石山，李勣墓起冢象阴山、铁山、乌德犍山。还有皇帝亲自为其撰写

碑文的人的陵墓，比如魏徵的墓碑是唐太宗撰写的，李勣的墓碑是唐高宗撰写的。

陪葬墓的石刻极为精美，温颜博墓前的石人、魏徵墓碑首的蟠桃花饰、尉迟敬德墓志十二生肖图案和石椁的仕女线刻图等，皆为当时的艺术精品。

墓内还有大量的精致的工艺品，例如李勣墓中花饰俊美的"三梁进德冠"，就是其中之一。据说三梁进德冠是唐太宗亲自设计的，一共只有三顶，专门用来赐予最有功的大臣。

众多陪葬墓衬托了陵园的宏伟气势，加上各墓之前又有很多石人、石羊、石虎、石望柱、石碑，点缀着陵园的景象，同时也寓意着唐太宗与臣子之间"荣辱与共，生死不忘"。

昭陵以其绝佳的风水位置，被誉为"天下名陵"，既是风水最好的帝陵，也是我国帝王陵园中面积最大、陪葬墓最多的一座。

知识点滴

在昭陵的祭坛东西两庑房内，有6匹青石浮雕的骏马浮雕像。这六骏的名分别为"特勒骠"、"青骓"、"什伐赤"、"飒露紫"、"拳毛䯄"、"白蹄乌"。据说这些石像是由唐朝的著名工艺家阎立德起图样，再由筑陵石工中的高手雕镌而成的。

李世民曾为巩固唐王朝新建的政权，南征北战，驰骋疆场，这六匹骏马石像雕刻的正是他最喜爱的6匹战马。

六骏的浮雕各高2.5米，横宽3米，姿态神情各异，线条简洁有力，威武雄壮，造型栩栩如生，显示了我国唐代雕刻艺术的成就。

巩义八陵

"七帝八陵"即巩义八陵,是北宋皇陵。位于河南巩义嵩山北麓与洛河间的丘陵和平地上。地处郑州、洛阳之间,南有嵩山,北有黄河,依山傍水,风景优美,被人誉为"生在苏杭,葬在北邙"的风水宝地。

北宋皇陵从968年开始兴建,总面积曾达到25平方千米,经过千年来的无数劫难后,只有遗址尚存。这些散布在田野之上的近千件石雕像,保存了北宋王朝的珍贵过往。

各有千秋的北宋皇陵

北宋历代共有9位皇帝，埋葬在这里的是除徽、钦二帝以外的7个皇帝以及被追尊为宣祖的赵弘殷，也就是赵匡胤的父亲。因此世称"七帝八陵"。

按照埋葬时间的先后，八陵中的主人及其陵墓依次是：宋宣祖的永安陵、宋太祖的永昌陵、宋太宗的永熙陵、宋真宗的永定陵、宋仁宗的永昭陵、宋英宗的永厚陵、宋神宗的永裕陵和宋哲宗的永泰陵。

宋太祖的永昌陵是地面遗迹保存较好的一座宋陵。永昌陵陵台底边长48至55米，高14.8米。陵园东西231.6米、南北235米，四面中央各辟一门。门址宽约18米，四门外各置一对石狮。

陵园南门与乳台间距142.5米，乳台与鹊台相距155米。二乳台东西间距50米，二鹊台东西间距54米。南门与乳台间是神道，神道东西间距45米，对称列置各种石像生，由南向北依次是华表、石象及驯象人、瑞禽、角端各1对，石马及控马官、石虎、石羊各2对，"藩使"3对，文、武臣4对。陵园四门外有石狮，南门石狮北有武士，南门内陵台前有宫人。

华表高5.8米，宽1米，下为方形基座，上置莲花形柱础。柱身为八菱形由下向上逐渐收杀，柱顶为仰覆莲间以宝珠上加合瓣莲花结顶。

柱身菱面雕刻为减地和单线阴刻两种，画面内容有云龙纹、长颈宝瓶和卷草花卉等。在巩义松龄的华表中，永昌陵华表雕刻最佳，构图精美，线条流畅。

石象长2.55米、宽1.1米、高2.15米，驯象人高2.23米、宽0.79米、后0.56米。石象身躯庞大，造型雄伟，身披华丽的锦绣，背置莲花座，象鼻拖地，面饰辔勒。象取立姿，腹下镂空。

驯象人头戴包头巾，身着袍服，腰束方块玉带饰物，双手拱于胸前，执驯象物。

瑞禽高2.2米、长1.73米、宽0.63米。整体似圭形，浮雕层叠山峰，两侧和顶端未雕出山峰纹。西列瑞禽石雕中浮雕出一只马首、龙身、鹰爪、凤翅、雀尾的怪禽。东列瑞禽是巩义八陵现存14件瑞禽中唯一的一件刻羊首的，其余均为马首。

角端高2米、长2米、宽0.8米。角端是人们想象中的一种动物，其形象为独角，前唇特长，或卷或伸，四足如狮，两肋雕有双翼。

石马高2.1米、长1.8米、宽0.74米。控马官高2.7米，胸宽0.7米、厚0.5米。石马马身上雕饰出鞍、鞯、镫、缰、羁、铃等马饰。控马官头

戴幞巾，身着长袍，手执杖或缰。

　　石虎高1.7米、长1.3米、宽0.55米。身躯庞大，雕刻细致，造型逼真。石羊高1.6米、长1.2米、宽0.5米。造型浑实，通体素面。

　　"藩使"高约3米，胸宽0.85米、厚0.68米。宋代文官以宰相为首，武官以枢密使为首，上朝排列次序文官在武官之上，因而陵墓石刻中文臣像居北、武臣像位南。

　　石像中的文、武臣服饰相同，其区别仅在文臣执笏板、武臣挂长剑。文武臣头戴三梁或五梁冠，身穿长袍，腰系方块玉带。

　　陵园四门外各有一对石狮。石狮左牡右牝，牡狮卷鬣，牝狮披鬣。南门外二狮为行狮，立姿，相顾对视，高1.9米、长3.08米、宽0.82米。东、西、北门石狮皆蹲踞昂首，高1.58至2.05米，长1.7米，宽0.7至0.9米。镇门武士一对，位于陵园南门之外、石狮之北，高约4米，肩宽1.1米、厚0.7米。武士像高大、勇猛，头戴盔，身穿铠甲，手执兵

器。

宫人两对，分别位于南门内、陵台前。宫人高约3米，肩宽0.57米，厚0.4米，戴幞巾，穿窄袖长袍，面部清秀，像是宫女。

宋太宗的永熙陵距永昌陵约1千米。永熙陵的石像雄伟，艺术性高。永熙陵的石羊昂首静卧，形象优美，造型艺术或雕刻技法都是宋陵中最优秀的。

永熙陵的鹊台、乳台、门阙等建筑，都超越前代。永熙陵是宋代陵墓中最大的陵，从神道起处的鹊台到神坛底止，全长约586米。墓室深入地下15米，有一条40米长的倾斜墓道通向地面，墓室的整个结构呈圆台形，高12米，底面直径达8米，全部仿木结构，墓壁、门、窗、立柱、屋檐以及墓顶的斗、拱等物，都是用砖砌成的。

两扇青石凿成的大门，宽2.7米，高达4米。门扉上有阴线刻画的神荼、郁垒像。

永定陵是宋真宗赵恒的陵墓，位于河南省巩义市蔡庄北1千米。周围有建筑遗址土丘16个。因为永定陵尚未正式发掘，陵内情形尚不为人知，但陵前的石刻马、羊、狮、虎等保存完好，在北宋诸陵中是保存的最好的一组。

修建永定陵时，雕刻侍从人物及象、马等动物的石头用了62块，门石用了14块，皇堂券石用了27377块。

永昭陵是北宋第四位皇帝宋仁宗赵祯的寝陵。位于河南巩义境内。由鹊台至北神门，南北轴线长551米。南神门外神道上，布置有东西对称的石人13对、石羊2对、石虎2对、石马2对、石角端、石朱雀、石象、石望柱各1对，这些石刻造型秀长，雕法细腻。

　　武士身躯高大，形象勇猛，目不斜视、忠实地守卫着宫门。客使体质厚重、轮廓线条简练明确，双手捧贡品，身披大袍，衣褶垂到脚边，人物形神兼备。

　　石虎造型威武雄健，石羊面目恬静。永昭陵的石朱雀雕刻尤为精美，整屏呈长方形、通身雕成层叠多变的群山云雾，烘托着展翅欲飞的朱雀，犹如一把俊扇挥动着风云。

　　宋英宗的永厚陵，在巩义旧名"和儿原"的一块高地上，东南距永昭陵只有500米远近。永厚陵的陵台残高15米，底呈正方形，每边长55米，陵前石刻尚残存16件，其中的"望柱"雕刻精美，它呈八棱形，每面都有精雕细琢的云龙纹，纹饰细如游丝，流动变幻，为宋陵石雕佳品。

　　宋神宗的永裕陵，呈"覆斗形"，底边略为正方，每边60米左

右，高约18米，上下有两层台阶，底层原用砖石围砌，上层密植松柏等长绿植株。

陵前石雕像共有17件，是晚期宋陵石刻的代表，造型生动，技法纯熟、流畅。南神门外的石狮，雕刻得刚健、浑厚、生气勃勃。

人们品评宋陵石雕说："东陵狮子，西陵象，滹沱河上好石羊。"认为永熙陵的石羊、永泰陵的石象和永裕陵的石狮的造型和雕工之佳，在宋陵诸石刻中，应位列榜首。

宋哲宗的永泰陵东南距永裕陵约400米。据有关史料记载，修建哲宗的永泰陵时，仅取石材一项就动用工匠4600人，共取石27600块。又动用士兵9744人、民夫500人，把这些石头从二三十千米之外、崇山峻岭之中的偃师粟子山运到陵区。

北宋皇陵是我国规模庞大、气势雄伟的皇家陵墓群，而卓越的石刻艺术，正是北宋皇陵中的焦点。

知识点滴

在宋朝建立之后，赵匡胤依据宰相赵普提出的"削夺其权，制其钱谷，收其精兵"的12字方针，分别从政权、财权、军队这三个方面来削弱了藩镇，以达到强干弱枝、居重驭轻的目的。

首先，赵匡胤派遣文官取代军人担任地方州郡的长官，并在知州之外设立通判，两者共掌政权，互相牵制，分散和削弱了地方长官的权力。然后又设置了转运使来管理地方财政，最后，赵匡胤又将精锐将士都抽调到中央禁军里。

这样一来，赵匡胤就提高了中央的威权，防止了大臣专权局面的出现。

成吉思汗陵

　　成吉思汗，原名孛儿只斤·铁木真，是我国历史上享有盛名的军事家和政治家。

　　他在1206年建立了蒙古国，国家的地域西达黑海海滨，东括几乎整个东亚，是当时横跨欧亚两洲的大帝国之一。

　　1309年，成吉思汗被追尊庙号元太祖。成吉思汗陵是历史伟人、一代天骄成吉思汗的象征，它位于内蒙古的伊金霍洛旗甘德利草原上，占地约5.5公顷。由于蒙古族实行"密葬"，所以成吉思汗陵是一座衣冠冢。

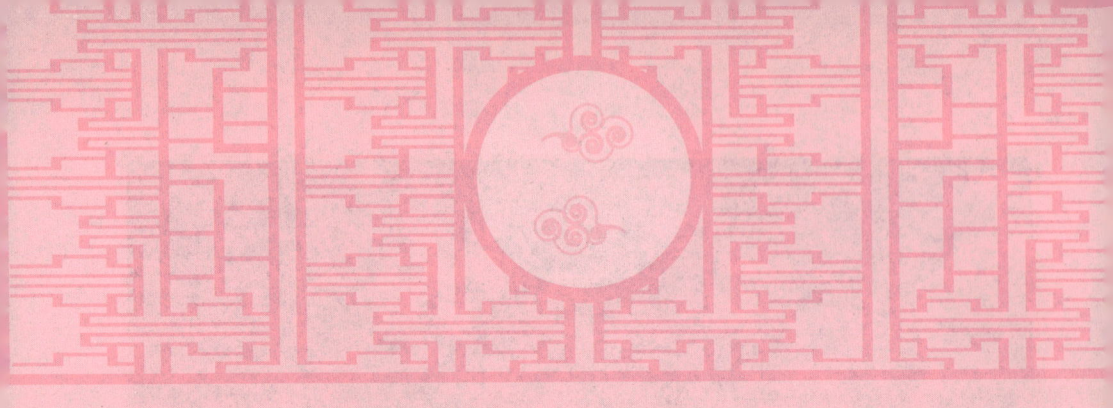

草原上的蒙古国大汗

铁木真的父亲是蒙古乞颜部的首领也速该，母亲是蔑儿乞部落的诃额仑。也速该和诃额仑在1161年相遇并结婚，1162年，铁木真出生在飘着奶茶和马奶酒香味的漠北草原斡难河的上游地区。

在铁木真9岁时，他父亲也速该被蔑儿乞部杀害。在铁木真18岁时，昔日的仇敌蔑儿乞部抢走了他的妻子孛儿帖。

铁木真向蔑儿乞部开战，并打败了蔑儿乞人。1184年前后铁木真被推举为蒙古乞颜部的可汗。

在长期的部落纷争中，铁木真不仅学会了谋略，还日渐谙熟兵法。

据说，铁木真每次发出集合队伍的号令后，就端坐在毡帐中，闭目数算，当计数到一定数目时，他突然睁开双目，这时军队也刚好集合完毕。

铁木真能运筹帷幄，决胜于千里之外，也能身先士卒、冲锋陷阵，他的军队纪律严明，战术灵活。他的铁骑部队冲锋时，如同草原上势不可挡的风暴，令敌人闻风丧胆。

就是这样，他先后战胜了当时蒙古高原最强大的几个部落。善于统领军队的铁木真经常说：

没有铁的纪律，战车就开不远。

随着自己力量的不断强大，铁木真进一步统一了蒙古各部。在统一蒙古国的过程中，铁木真为自己的部落带回了各地的丰厚物资，他让一队队骆驼和牛车商队运载大量的贵重织物,用丝绸来捆扎货物,或者将丝绸用作包装的材料。

各种各样的物资之中,还包括使用金银丝线镶边的长袍,缝制有小珍珠的丝绸拖鞋、地毯、墙帷、枕头、软垫和毛毯,还有绸制的肩带、编织物、饰穗及丝带等。

除了丝绸和缎子之外,铁木真还为自己部落的人们带回了漆具、纸扇、瓷碗、金属盔甲、青铜刀、木偶、铁罐、铜壶、棋盘游戏和雕刻的马鞍,以及由绿宝石、珍珠、红玉髓、珊瑚、天青石、翡翠、钻石、象牙或龟甲等手工精心制作而成的头发饰物和珠宝饰品,还有酒、蜂蜜和红茶等可食用的物品。

铁木真在作战时英勇无比，又在分配物资时慷慨而不贪婪，因此很快得到了部下们的尊重和拥护。铁木真对他的部下们说过：

> 打仗时，我若是率众脱逃，你们可以砍断我的双腿；战胜时，我若是把战利品揣进私囊，你们可以斩断我的手指。

铁木真还表现出了善于聚集人才的特点。他带回了各地的王子和牧师、裁缝和药剂师、占星术者和宝石商、画家和占卜者以及魔术师和金匠。任何有一技之长的人，都被铁木真集合到一起，并善待他们。铁木真曾经说过：

> 我一旦得到贤士和能人,就让他们紧随我,不让远去。

1206年,在斡难河畔的蒙古包内,蒙古各部首领召开了忽里勒台大会,一致推举44岁的铁木真为全蒙古的大汗,他正式登基成为大蒙古国皇帝,尊号成吉思汗。

"成吉思"是强大的意思,"汗"就是王的意思,"成吉思汗"寓意着"光的精灵般的蒙古大汗",也正是在这个意义上,成吉思汗被称为蒙古民族的祖先。

成吉思汗极其重视军队的力量,因此,他统一蒙古草原后第一件事就是大封功臣、宗室,把在统一草原时已经实行的千户制进一步完善和制度化,创立了军政合一的千户制。

先后任命了一批千户官、万户官和宗室诸王,建立一个层层隶属、指挥灵活、便于统治、能征善战的军政组织。成吉思汗把占领区人户编为95个千户,分封给开国功臣和贵戚们。

蒙古族原来没有文字,只靠结草刻木记事。后来,成吉思汗找到一个名叫塔塔统阿的畏兀儿人。塔塔统阿本来是乃蛮部太阳汗的掌印官,太阳汗尊他为国傅,让他掌握金印和钱谷。但铁木真让塔塔统阿留在自己左右,只要有颁布法令

和使用金印的时候，都会让塔塔统阿掌管。

不久，成吉思汗又让塔塔统阿用畏兀儿文字母拼写蒙古语，教太子诸王学习，也就是后来的"畏兀字书"。塔塔统阿在成吉思汗的要求下创制了蒙古文字，正是由于有了这种文字，成吉思汗才能把自己的命令颁布为成文法和青册。

创制了蒙古文字后，成吉思汗颁布了《成吉思汗法典》，这是当时全天下第一套应用范围最广泛的成文的法典。成吉思汗还建立了一套以贵族民主为基础的蒙古贵族共和政体制度，根据实际能力和忠诚，而不是他们的血统来任命将领。

成吉思汗是位心胸宽广的帝王。他建立的大蒙古国横跨欧亚两洲，当时全天下的各种宗教在大蒙古国的范围之内几乎应有尽有。

其中包括蒙古人原来信奉的萨满教，西藏、西夏和汉人信奉的佛教，金和南宋信奉的道教、摩尼教，畏兀儿和西方各国信奉的伊斯兰教，蒙古高原一些部落乃至钦察、斡罗思各国信奉的基督教等。

成吉思汗虽然征服了天下，但他制定的宗教政策却很宽容，并不强迫所有人都要改信蒙古人的宗教，而是宣布信教自由，允许各个教派存在，而且允许蒙古人自由参加各种教派，还对教徒基本上免除赋税和徭役。对此，他曾说过：

> 如果蒙古人忘记了自己的文明、语言、文字，乃至民族，那么我将会随时回来再次统一你们的！但是蒙古族不拒绝世界上任何好的东西，蒙古族是多元的，要胸如千里草原！

成吉思汗虽然在兵法上有很高的造诣，却不是一位只知武力和野蛮的帝王。他倡导各国使节有豁免权，还废除了用酷刑逼供获取情报的方法。

成吉思汗在国土范围内建立了自由贸易制度，印制了天下第一种国与国之间通用的纸币。

而且，成吉思汗建立的贸易制度既把东方的印刷术、火药、兵

器、罗盘和算盘等传播到了西方，还使柠檬、胡萝卜、毛毯、面条、茶叶、纸牌游戏和裤子等成为各国人们生活中必不可少的一部分。

1227年，成吉思汗逝世了。他是一位高瞻远瞩的统帅，建立了一个横跨欧亚大陆的大帝国，促进了东西方的思想、技术和生活方式的交流，是我国历史上最伟大的帝王之一。

知识点滴

铁木真小的时候就显露出不同于一般孩子的胆魄和机智。

他9岁那年时，由于被其他部落暗算，他的母亲只好带着他和两个弟弟靠摘野梨，挖野葱，捉地鼠，钓鱼来填饱肚子，一家人过着艰苦的生活。

后来，十几岁的铁木真身体长得很健壮，其他部落的人怕他会和他们作对，就把铁木真捉了起来。

但是铁木真既聪明又有勇气。当他被敌人捉到时，并没有垂头丧气，而是装出一副惊慌害怕的样子由别人摆布，心里却时刻寻找机会准备逃脱，最终靠自己的智慧和勇气逃出了敌人的魔掌。

他也教育属下说："在力量不足的时候，就得忍让，违心地忍让！"

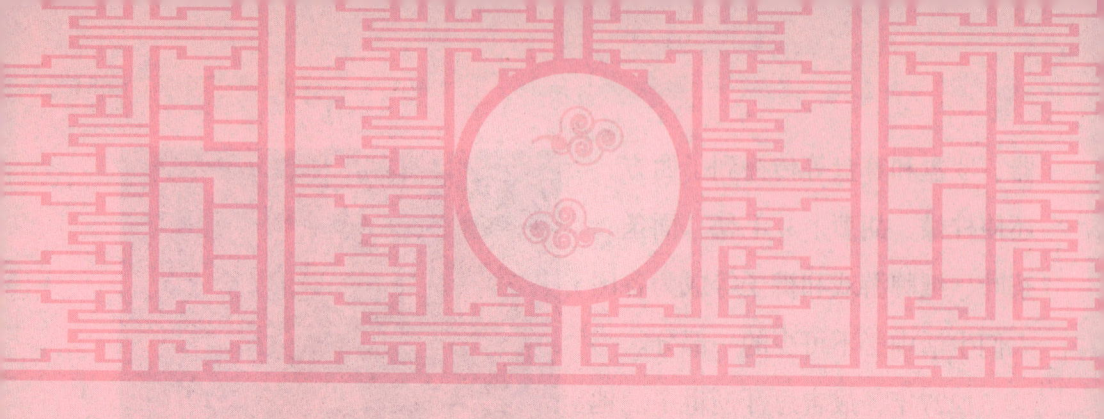

位于鄂尔多斯的圣地

据说,成吉思汗曾率领军队路过鄂尔多斯。他见这里水草丰美,花鹿出没,被这美丽的自然景色所陶醉,失手将马鞍掉在了地上。

部下正要拾起马鞍时,却被成吉思汗制止了,他对部下们嘱咐

说：“等我死后，把我葬在这里。”

成吉思汗去世后，当运送他灵柩的灵车行至鄂尔多斯时，车轮突然陷进沼泽地里，即使套上了很多牛马也拽不出来。

这时，护送灵车的将领突然回想起成吉思汗曾经说过的话，于是把成吉思汗的毡包、身穿的衫子和一只袜子安放在了鄂尔多斯，并进行供奉。这也就是后来的成吉思汗陵。

成吉思汗陵的陵园占地面积55000多平方米，主体建筑由3座蒙古式的大殿和与之相连的廊房组成，建筑雄伟，整个陵园的造型犹如展翅欲飞的雄鹰，具有浓厚的蒙古民族风格。

陵园一共分为正殿、寝宫、东殿、西殿、东廊、西廊6个部分。其中，正殿、东殿和西殿是由3个蒙古包式的宫殿一字排开构成。

3个殿之间有走廊连接，在3个蒙古包式宫殿的圆顶上，有熠熠闪光的金黄色琉璃瓦和用蓝色琉璃瓦砌成的云头花，这是蒙古民族所崇尚的颜色和图案。

中间的正殿高达26米，平面呈八角形，重檐蒙古包式穹庐顶，上覆黄色琉璃瓦，房檐则为蓝色琉璃瓦；东西两殿为不等边八角形单檐蒙古包式穹庐顶，也用黄色琉璃瓦覆盖着，高23米。

　　正殿正中摆放成吉思汗的雕像，高5米，身着盔甲战袍，腰佩宝剑，相貌英武，端坐在大殿中央。塑像背后的弧形背景是"四大汗国"的疆域图，标示着700多年前成吉思汗统率大军南进中原，西进中亚和欧洲的显赫战绩。

　　在正殿通连东西两个侧殿的走廊里，绘有壁画。西走廊描绘的是成吉思汗一生之中的重大事件，东走廊描绘的是成吉思汗的孙子忽必烈的事迹。

　　壁画还表现了成吉思汗的孙子忽必烈统一了我国，定都北京，在1271年时正式改国号为元，并追封成吉思汗为元太祖的盛况。

　　正殿的后半部分就是后殿，也就是寝宫，寝宫内安放着4个用黄缎罩着的灵包，包内分别供奉着成吉思汗和他的三位夫人的灵柩。灵包的前面摆着一个大供台，台上放置着香炉和酥油灯，还有成吉思汗生前用过的马鞍等珍贵文物。

东殿安放着成吉思汗的第四个儿子拖雷及其夫人的灵柩，西殿供奉着象征着九员大将的九面旗帜和"苏勒定"。

苏勒定是古代军旗上的铁矛头，在成吉思汗统一蒙古时，曾用苏勒定指挥过千军万马。传说在成吉思汗过世后，他的灵魂就附在苏勒定上。

在成吉思汗陵的东南角，有金顶大帐、选汗高台、草原市场、文物陈列馆、射击场、赛马场、蒙古摔跤场等设施。其中，金顶大帐高13米，直径18米，是一座蒙古包式的行宫。选汗高台高8米，是历史上牧民推选可汗时的建筑。

蒙古民族祭奠成吉思汗的习俗，最早始于1225年，到了1260年，成吉思汗的孙子忽必烈正式颁发圣旨，规定了祭奠成吉思汗先祖的各

种祭礼，祭奠礼仪才逐渐完善。

祭礼一般分平日祭、月祭和季祭，都有固定的日期。祭品要供奉烤全羊、圣酒和各种奶食品，并举行隆重的祭奠仪式。

春祭的日期是每年的农历三月二十一，在祭祀规模中是最大、最隆重的。春祭的时候，各盟旗都要派代表或个人前往成吉思汗陵进行奉祭。在祭祀的时候，牧民们会身穿蒙古族节日服装，从四面八方来到陵园，向成吉思汗的塑像敬献美酒、鲜奶和哈达。

成吉思汗陵丛林茂密，芳草萋萋，鸟语花香，在宁静和谐的大草地中，成吉思汗陵以独具风格的相互连通的蒙古包大殿，标示着中华民族史上威震天下的帝王成吉思汗的长眠地。

知识点滴

传说成吉思汗下葬时，为保密起见，曾经以上万匹战马在下葬处踏实土地。为了日后能够找到墓地，人们在成吉思汗的下葬处当着一峰母骆驼的面，杀死了其亲生的一峰小骆驼，将鲜血洒于墓地之上。

等到祭祀成吉思汗时，就牵着那峰母骆驼前往寻找。母骆驼会因想起被杀的小骆驼而在墓地哀鸣，祭祀者就在母骆驼哀鸣处进行隆重的祭奠。

可是，在那峰母骆驼死后，就再也没人能够找到成吉思汗的真正墓葬了，只能以衣冠冢纪念他。

据说成吉思汗去世时，有人拿白色公驼的顶鬃放在成吉思汗的嘴上和鼻子上，让灵魂附着在那团白色驼毛上，再处理遗体，而把这团驼毛保存在衣冠冢里。后来有人打开过银棺，发现里面确实有一团驼毛。

明祖陵

　　明祖陵位于江苏省盱眙洪泽湖西岸，是明太祖朱元璋的高祖、曾祖、祖父的衣冠冢及其祖父的实际葬地。朱元璋一统天下以后，于1386年在此建立祖陵，追封并重葬其祖父朱初一、曾祖朱四九和高祖朱百六三代，第二年在陵前建享殿。后来，永乐帝朱棣又建棂星门及围墙。

　　明祖陵被誉为"明代第一陵"，特别是21对庞大石刻，雄踞在长长的神道两侧，石刻规模之宏大，刻工之精细，造型之优美，线条之流畅，在国内少有，具有很高的艺术价值。

朱元璋光宗耀祖筑祖陵

朱元璋原名朱重八，字国瑞，1328年10月21日出生，安徽省凤阳人。他的父亲是朱世珍，母亲是陈氏，家庭很贫困。

朱元璋16岁时，因旱灾夺去了他家里大部分成员的生命。他只好在一个佛教寺院做小行童。

1352年，朱元璋参加起义军郭子兴的军队。他入伍后，因为作战勇敢，而且机智灵活、粗通文墨，很快得到了郭子兴的赏识。

1355年，朱元璋一举攻克了和州，被郭子兴任命为总兵官。

1364年，朱元璋称吴王，建百官司属。

1368年，朱元璋在南京称帝，国

号大明，年号洪武，先后平定四川、广西、甘肃、云南等地，建立全国统一的政权。

朱元璋在即位前，先设立祭坛。然后，下旨建造太庙，追尊他的高祖为玄皇帝，曾祖为恒皇帝，祖父为裕皇帝，父亲为淳皇帝，并奉上玉宝、玉册。追封后，也按规定仪式进行祭奠。

但是，朱元璋当时不知道他的祖陵在哪里。有人上奏说，朱元璋祖陵就在镇江句容的朱家巷。于是，朱元璋便叫人在朱家巷筑了一个土堆，名叫"万岁山"，并亲临祭拜。谁知那个土堆却裂开了，朱元璋便不再把那个土堆视为祖陵的所在地。

直至1384年，朱元璋族人朱贵入朝献祖陵图，朱元璋才搞清了祖陵的位置。朱贵告诉朱元璋，朱家的祖上都是从句容朱家巷搬到泗州的淘金户，朱元璋的祖父朱初一曾携带全家老小居住在古泗州城北的孙家岗。而朱贵的祖辈也和朱初一一起搬到了这里，并且成了近邻。

据说有一天，朱初一在附近的杨家墩割草，躺在草丛歇息时，看

见了两个过路的道士，他们正讨论说杨家墩是块风水宝地。正说着，其中一个道士就拿起一根枯枝插在了土墩上，随后离开了。

朱初一很好奇，每天都来杨家墩割草，观察那根枯枝，过了10天，他发现那根枯枝居然真的发了芽。朱初一很吃惊，不敢相信这是真的，就随手换了一根枯枝替代，也插在了土墩上。

两个道士再经过这里时，发现他们插的树枝被人换了，就找到偷换树枝的朱初一说："如果你死后就葬在这里，你家的后代就会出大贵人，这是天机，不可外泄。"

朱初一回家后告诉自己的儿子朱世珍，自己过世后一定要埋在杨家墩。

1327年时，朱初一病逝了，朱世珍按照他的要求，把朱初一埋在了杨家墩。朱世珍葬父之后，由于洪灾无法生存，就携一家老小西去，住在了盱眙县灵迹乡。

不久，朱世珍的妻子陈氏生下了朱重八，也就是朱元璋。随着一声啼哭，红光冲天而起，四邻惊呼着前来救火，却发现原来是朱家大喜了。这个伴着祥瑞之兆出生的孩子就是后来的明太祖朱元璋。

朱贵献上的祖陵图使朱元璋非常激动，立即开始下令筑建祖陵。1386年朱元璋命令皇太子朱标带领着文武群臣和工匠，到泗州城北的杨家墩，开始修建祖陵。

历朝历代的皇帝，大多都是在生前为自己死后建造辉煌的陵墓，朱元璋是第一个为自己的先祖建陵墓，而且还把从没谋面的高祖、曾祖、祖父全部葬于一墓的皇帝。

朱元璋下令修建祖陵，正是为了感谢祖宗庇佑能成为皇帝，也是为了光宗耀祖。

知识点滴

1355年时，被郭子兴任命为总兵官的朱元璋镇守着和州，也就是后来的马鞍山和县。

有一天，朱元璋外出时看到一个小孩在伤心地哭泣，就问孩子为什么哭。

孩子回答说是等父亲。

朱元璋仔细一询问才知道，原来孩子的父亲和母亲都在军营，父亲在营中养马，母亲和父亲不敢相认，只好以兄妹相称。朱元璋意识到，部队军纪存在问题，他们攻破城池后，扰民滋事，掳掠妇女，这样下去，部队将失去民心。

于是，朱元璋召集众将，申明纪律，下令归还军中有夫之妇，让城中许多被拆散的夫妻团圆。此事广为传颂，使朱元璋深得民心。

隐藏在水中的宏伟建筑

　　1389年祖陵玄宫建成后，太子奉德祖、懿祖、熙祖三祖考的衣冠亲赴敬葬。以后陆续增修，直至1413年，才把朱元璋的高祖、曾祖、祖父三代的陵墓全部修建成功。杨家墩也被改称为"明祖陵"。

　　明祖陵的修建，前后历时近30年，营建时间之长、体制之宏伟，在诸代明陵中名列前茅。

　　明祖陵背靠有"九岗十八洼"之称的丘岗，面临淮河，基本仿照唐宋帝陵的规制，但又废止了唐宋诸陵的上下宫制，显得十分紧凑。

　　陵园总体平面呈长方形，南北走向。筑有城墙

三重：外为土城，周长3千米，中为砖城，周长1.1千米，内为皇城，建有正殿、县服殿、神厨、斋房、宰牲亭、玉带桥等。

神道是皇帝生前排班序列的略影，在长约300米的神道的两侧，共有21对石像生，自北向南排列。

石刻体形硕大、雕琢精细，其中有麒麟、神道石柱、马官、文臣、武将、内侍各两对，石狮6对，石马一对，拉马侍卫一对。其中最大者重达20多吨，小者也有5吨以上。

在配置顺序上，4尊雄性麒麟为首。麒麟是神话传说中的"瑞兽"。祖陵石像生之首设置麒麟，进一步表明了明祖陵的肇基地位。

4尊麒麟头顶独角，身披鳞甲，四肢敦实，足似象蹄。其鳞甲呈圆形状，而且相互叠压。全身鳞纹，一丝不苟。

麒麟的尾巴粗而长，从尾根至底座，由于采取了精细的线雕法，其尾毛从根至尖，一丝不乱。

麒麟的颈毛，以脊柱为界，分别披散在两旁，其雕法与尾毛一样一丝不苟。在麒麟的胸、颈及臀部，雕有云气纹，这不仅是华贵的纹饰，同时也寓意着祖陵是神仙的境地。

两对文臣的石像，手握笏板叩于胸前，头戴爵弁，身着交叉叠领官衫，脚蹬高底朝靴，腰系玉带，文质彬彬。

两对武官头戴兜鍪，身着铠甲，腰系战裙，脚蹬铁网靴，双手握剑，怒目圆睁。两对太监较矮小，双手抱拳于胸，既无净鞭，也无笏板，一身宫装，静立在金水桥南，随时听候君命。

还有六对高大雄壮雄狮的石像。在祖陵石刻中，用狮之多，用兽之精是其他帝王陵墓中不多见的，这也是明祖陵神道石刻的独特之处。陵前放置着威严的雄狮，显示着陵墓主人至高无上的地位和威严。

俗语说，狮子大开口。而这里的狮子却都闭着嘴巴，万兽之王在皇帝面前的驯服，意喻皇家的无比威严。在造型上，祖陵狮子一律呈蹲坐状，但形象各不相同。狮子的鬃毛旋卷成4个螺旋状，颌须对称地飘向两侧。

由于石刻工艺采取浅浮雕的手法，狮身的肌肉也表现得自然逼真。另外一头狮子的颈上佩有饰带，饰带上雕有花纹，同时颈间还有铺首环铃及绣球。

位于狮子后面的是两对望柱，望柱也就是华表，是皇权的象征。其寓意着皇权顶天立地，统治着四面八方。第一对是仿唐望柱，柱身富丽华贵。望柱的八棱面上雕有缠枝如意牡丹、葵状菊花等花卉。八棱柱上沿为棱形束腰，束腰上为八棱石榴状柱头。

另一对则是素面素身、简洁大方，体现了宋代石刻的特点。

华表的顶端，有两种柱头，一种是石榴，代表多子多孙；一种是寿桃，代表万寿无疆。

华表过后，排列的是马官和拉马侍者。马官双手握鞭于胸，马鞭绳纹清晰逼真。在祖陵石像生中，最为突出的是拉马侍者，整个石雕和青石底板连为一体，重23.4吨。

祖陵石像生无论是文臣武将，还是神兽，形体都十分高大威武，充分体现"子孙不能欺祖"的威严。

祖陵的石马又称"天马"，四肢稳健，站立在青石底板上，马头辔饰齐全，辔带上面雕着葵形、菊花等花卉。辔中的绒球，缰绳的绳纹，嘴衔的马标辔饰的铆接，鸾铃的挂置，项上的鬃毛，全身的肌肉，以及眼、耳、鼻、口都雕得精细逼真。

特别令人叹为观止的是石马马鞍的雕艺。

马鞍四周雕有缠枝卷叶，内层密布朵朵祥云，大小交错，高低相映，左右有两凤腾空飞舞，双翅展翔，尾羽在太空中飘散。马鞍中部有一圆圈，圈内有一龙腾空飞跃，龙眼圆睁，龙口大张，龙凤身上的鳞甲、纹饰、羽毛清晰可见。

整个马鞍构图精巧、纹饰华贵。

在装饰纹样上，整个马鞍多采用具有浓郁的民族风格装饰。既有腾云驾雾的巨龙，又有翩翩起舞的双凤，既有空中流动的云朵，也有地上盛开的牡丹，有动有静，动静相济，工整对称，又有变化，既富

有吉祥之意，又给人以圆润流动的飘逸之感。

明祖陵所有的石刻，全部都是雄性。一方面是因为雌性显得不威武；一方面是皇帝陵墓是阴宅，需要阳性的东西来调和。这样在陵墓里的祖先，才能住得安稳。

祖陵石刻群是明代帝陵石刻中最为精美的一组石刻群，这些石刻规模宏伟，技艺高超，线条流畅，整体风格既不同于凤阳明皇陵，也不同于明孝陵和明十三陵，倒与宋陵石刻的风貌相近。

祖陵石刻，在雕刻手法上运用了浮雕、半浮雕的技法，经过精琢细磨，使石刻的细部显得流畅华丽。从造型和雕功上，可以看出石刻匠人丰富的想象力和高度的创造精神，同时也可以看出他们娴熟的技艺和细腻的功法。

祖陵石刻博采历代石刻艺术的精华，经过改造、创新，创造了明代石刻艺术新的技艺，使石刻在技法、造型、纹饰、华贵等方面独领

风骚，代表了明代石刻艺术的新成就。

地下玄宫，是明祖陵肇基地基的风水宝地之一，是风水学中龙穴的所在地，共有9个拱券，每个拱券下有一个两扇对开的大石门。

一般情况下，墓葬只葬一对夫妇，而明祖陵地下玄宫却是三代祖宗的衣冠冢，像这样3套墓室共为一体的奇特建筑艺术，在陵墓史上是很少见的。

在明祖陵建成以后，每年清明时节，朱元璋都要亲自带领御林军从南京出发，浩浩荡荡，前去祭祖。

明祖陵崇丽无比，但是它却不在高山大阜之侧，而是在有"九岗十八洼"之称的丘岗之地。

1494年，明王朝都察院右副都御史刘大夏筑建太行堤坝阻断黄河北面的支流，使南面的支流夺去了淮河的流道，使得淮河河道开始紊乱，从此淮河中、下游连年洪水泛滥，祖陵也不断遭受水患。

明万历年间总理河道的工部尚书潘季驯提出了"蓄淮刷黄"的治水方略。他主张筑堤纳水归于一道，反对疏浚支流另开新河，而应当"筑堤束水，以水攻沙"、"借水攻沙，以水治水"，最终潘季驯取得了明神宗的支持。

但很快清河口的泥沙高淤，靠近这里的淮河河床也被黄河水倒灌而增高了，这又使淮水的冲击力减弱，遇阻即回，沙随波停，淮水所带泥沙又在清河口停淤。

淮水无力刷黄，又无法从清河口入海，而入湖故道又尽筑高堰，淮水上溢泛滥。据有关记载：

> 不得不久潴旁溢，汪汇浩荡，始犹淹漫两岸，会合诸湖，继而夏秋泛涨，一望无际，浩荡龙沙，震惊陵寝，而泗

洲之祸岁烈一岁矣。

连年的水灾，至1680年6月，淮河上下游地区，连续70天阴雨，泗州城逐渐倾覆在滔天洪水之中了，明祖陵也就此沉入水下了。

经过湖水长期的侵蚀和冲击，坟丘被荡平了，原先地面的砖木建筑大多毁坏，仅余下棂星门、正殿、东西两庑遗址和残存的30多个大型柱础、砖砌拱顶建筑3座，但神道两侧的21对石像大多完好。

后来洪泽湖水位下降，明祖陵才得以重见天日，但木制建筑却荡然无存了，仅剩外罗城城墙以及后来发掘修复的石像。

明祖陵被水淹没遭到了损坏，却也因水得到了保护，被水隐藏的地下之墓，避免了遭到破坏。宏伟而壮丽，独特而罕见，这就是气势不凡的明代第一陵——明祖陵。

知识点滴

1963年，洪泽湖水位下降，明祖陵遗址逐渐露出水面，显露出了地宫拱门和甬道。据说当年朱元璋修祖陵时，给这方圆几十千米内的村民都赐姓朱，世代守陵。直至洪泽湖水位下降时，明祖陵附近的30000多居民里，仍有近80％姓朱。

据说，守陵人中有一位当地人曾好奇地打过拱门里的水，他惊讶地发现，明祖陵拱门里的地下水触手冰凉刺骨，令人寒气顿生。但是拱门外的水潭则始终是常温的，终年不冰。

一门之隔居然有如此差别，十分神奇。因此，守陵人们都认为，拱门内的水底下有神灵保护，守护着明祖陵不被人发现打扰，因此使水温下降，寒气逼人。

盛京三陵

盛京，就是后来的沈阳，满语称"谋克敦"，汉译为"兴盛之城"，它是我国清朝的肇兴之地，在这里修建有清朝开国之君及其父祖们的陵墓。盛京三陵就是清永陵、清福陵和清昭陵，也称"东北三陵"。

福陵是清太祖努尔哈赤与皇后叶赫那拉·孟古的陵墓，是清朝命名的第一座皇陵。昭陵是清太宗皇太极及其皇后的陵墓，在盛京三陵中规模最大，结构最完整。永陵在盛京三陵中规模最小，占地仅11000多平方米。

陵寝群中的福陵和昭陵

努尔哈赤是满族人，姓爱新觉罗，受明册封为女真族建州部首领，后来统一了女真族各部，建立了后金政权。

1626年，努尔哈赤在盛京去世，因没有找到合适安葬地点，所以未立即下葬。直到1629年，才选定在盛京东北郊外营建陵墓。同年将皇太极生母叶赫那拉氏的墓从东京杨鲁山迁来此处。

初建时，只称作"先汗陵"或"太祖陵"，1636年定名为"福陵"。陵墓1651年基本建成，后来在康熙和乾隆年间又有增建。

福陵是清太祖努尔哈赤与皇后叶赫那拉·孟古的陵墓，是清朝命名的第一座皇陵。福陵坐落在沈阳东北的丘陵山地之间，南临浑河，北靠天柱山。它所在的沈阳是清朝入关前的都城，称为"盛京"。

福陵的布局严谨，规模宏大，总面积约19.48万平方米。陵区占地近54万平方米，现存古建筑32座。陵园形制为外城内郭，由前院、方城和宝城三部分构成，自南而北渐次升高。这既不同于明朝的陵墓，也不同于清朝入关后建造的陵寝。

陵园四周环绕着红色缭墙，南北长900米，东西宽340米。南面墙正中开三楹歇山式的正门，称"正红门"，两边墙壁上镶嵌有五彩琉璃蟠龙。

门外两侧有下马碑、牌坊、石狮和华表等，原为木制，乾隆时改为石制。门内神道旁排列着狮、马、驼、虎等四对石像生。

福陵的南向四周围以红墙，正中是正红门，自南而北地势逐渐升高，门外的两旁对立着石狮、华表、石牌坊和刻有满、蒙、汉、回、藏5种文字的下马碑。正红门是很长的一段神路，路的两侧有坐狮、立马、卧驼、坐虎等4对石兽。

神路尽头是利用天然山势修筑的108级砖阶，以象征三十六天罡和七十二地煞。是福陵的重要标志。

砖阶之上是牌楼，楼重檐歇山式，黄琉璃瓦顶，内立康熙帝用汉、满两种文字书写的"大清福陵神功圣德碑"。

方城位于牌楼后，是一座城堡式建筑，为陵园的主体。城中央有隆恩殿和东西配殿，是祭祀之所。隆恩殿坐落在须弥座台基上，面阔、进深俱为3间，单檐歇山顶，供奉墓主神牌。

殿前有焚帛楼，殿后有石柱门和石五供。配殿东西各5间，均为周围廊、歇山式建筑。

方城城墙高约5米，周长约370米，南有隆恩门，北有明楼，四周

都设角楼。隆恩门是一座三层歇山顶式的门楼。明楼内竖"太祖高皇帝之陵"石碑,楼下为石洞门。方城内的建筑都用黄琉璃瓦铺顶,廊柱俱是朱红色,廊枋间有"和玺"式彩绘壁画。

方城之后为周长约190米的月牙形的宝城,又称"月牙城"。城正中是高两米的宝顶,其下即为安葬努尔哈赤和孝慈高皇后叶赫那拉氏以及3个殉葬嫔妃的灵柩地宫。

清福陵的修建以及后来的重建、改建都是在古代堪舆家的指导下进行,从选址至规划设计,考虑了陵寝建筑与自然山川、水流和植被的和谐统一,体现了我国古代"天人合一"的哲学思想。

明清陵寝地表建筑,基本上是紫禁城建筑的变例。

其主导思想在于宣传皇权至上,其等级、使用材料均与紫禁城宫殿一样,不同的是陵寝是皇帝死后居住之所,不仅要威严,还要适应

陵寝这一特殊要求，故明楼宝顶成为其最具代表性的建筑。

清福陵不仅是皇室从事礼制活动的主要场所，也是我国帝陵建筑的重要组成部分，更是我国历史文化的最好见证。

皇太极是清太祖努尔哈赤的第八子，生于1592年，曾追随其父，统一了女真各部，创建了清政权，是清朝的开创者，戎马征战数十载，是我国历史上杰出的政治家、军事家，也是清朝历史上最有作为的皇帝之一。

1626年，皇太极继父位称汗，1636年4月称帝，改后金国号为"大清"。皇太极为大清建立和入主中原奠定了坚实的基础，对清朝历史影响重大，堪称"上承太祖开国之绪业，下启清代一统之宏图"的创业之君。皇太极在1643年驾崩，时年52岁，共在位17年，被追尊为"清太宗"。

昭陵是清太宗皇太极及其皇后的陵墓，在盛京三陵中规模最大，结构最完整。因坐落在沈阳北端，所以又叫"北陵"。

昭陵除了葬有帝后外，还葬有关雎宫宸妃、麟趾宫贵妃、洐庆宫淑妃等一批后妃佳丽，是清初关外陵寝中最具代表性的一座帝陵，也是我国现存最完整的古代帝王陵墓建筑之一。

昭陵始建于1643年，与福陵同年，也就是1651年基本建成。经康熙、嘉庆年间增建，陵区占地面积近48万平方米。

陵寝建筑的平面布局遵循"前朝后寝"的陵寝原则自南向北由前、中、后三个部分组成，其主体建筑都建在中轴线上，两侧对称排列，系仿自明朝皇陵而又具有满族陵寝的特点。

昭陵全陵占地18万平方米，共分三大部分。由南至北依次是：从下马碑到正红门的前部，包括华表、石狮、石牌坊、更衣亭、宰牲亭；从正红门到方城的中部，包括华表、石像生、牌楼和祭祀用房；后部就是方城、月牙城和宝城，也是陵寝的主体。

陵区南北狭长，东西偏窄，四周设有红、白、青三种颜色的界桩，其南面还备有挡众木，又叫"拒马木"。陵区的最南端是下马碑、华表和石狮。其中，下马碑有4通，华表一对，石狮一对，它们分别立在道路的两旁。

石狮之北建有神桥。神桥的西面本来有一眼涤品井，后来没有了。神桥往北是石牌坊，石牌坊的东西两侧各有一座小跨院。其中，东跨院是皇帝的更衣亭和净房，西跨院则是宰牲亭和馔造房。

昭陵的牌楼是前部的主体建筑，系青石建成，四柱三层，雕刻得玲珑剔透，精美无双，为罕见的艺术珍品。牌楼的尽头就是正红门。

正红门为缭墙的正南门，层楼高耸，十分庄严，两翼装饰着五色琉璃蟠龙壁。正红门的周围是环绕陵区的朱红围墙，又叫"风水墙"。正红门内有一条南北笔直的石路叫"神道"，神道两侧由南往北依次立有擎天柱一对，石狮子一对，石獬豸一对，石麒麟一对，石马一对，石骆驼一对，石象一对。这些石兽统称为"石像生"。

石像生里面包括有华表、石兽和大望柱，它们两两相对，十分肃穆。石兽中最精美的是"大白"和"小白"，这两匹石马形象逼真，栩栩如生。据说这两匹石像马正是以清太宗生前最爱骑的两匹骏马为原型雕琢而成。

神道尽头是碑亭，碑亭与正红门相对，是为颂扬清太宗的功绩而建，里面有一通碑写着"昭陵神功圣德碑"。碑亭两侧有"朝房"，东朝房是存放仪仗及制奶茶之地，西朝房是备制膳食和果品之所。

碑亭之北是方城，方城正门曰"隆恩门"，城门上有楼，俗称"五凤楼"。

方城建造得如同城池一般，位于缭墙，仿佛是城中之城，而隆恩殿就在方城中心。

隆恩殿以雕刻精美的花岗岩台阶为底座，以金光闪闪的黄琉璃瓦为屋顶，再加上画栋雕梁、金匾红墙，所以显得异常华丽。

隆恩殿前有隆恩门，后有明楼，左右有配殿和配楼，四隅有角

楼。隆恩殿的配楼俗名叫"晾果楼"，是晾晒祭祀用果品的地方。隆恩殿后有二柱门和石祭台，再后是券门，券门顶端有大明楼。

经过明楼，就能到宝城。宝城又称"宝顶"，在方城北端，为月牙形。宝城的下面就是地宫，安置着清太宗夫妇的棺椁和陪葬品。宝城之后是人工堆起的陵山，即隆业山。

昭陵的另一特色是连绵数里的古松群。昭陵的古松多达2000余棵，松龄达300多年，摇曳挺拔，参天蔽日。这些苍翠的陵松在金瓦红墙中构成昭陵又一壮丽景观，其中的"神树"、"凤凰树"、"夫妻树"、"姐妹树"、"龟树"等更是别具特色。

陵寝西侧、与宝顶遥遥相对还有一组建筑叫"懿靖大贵妃、康惠淑妃园寝"，是安葬太宗众妃的茔地。除此之外，在陵寝东西两翼各有约1千米的陪葬墓，左侧有武勋王杨古里墓及奶妈坟，右侧有贞臣敦达里及安达里殉葬墓。

这种以功臣陪葬的形式是古代陵寝制度，体现了我国古代君王"事死如事生"的愿望，也体现了我国古代传统的忠君思想和严格的等级制度。

陵区之外还有藏经楼、关帝庙、点将台等建筑。昭陵建筑布局严格遵循中轴线及前朝后寝等陵寝规制，陵寝主体建筑全部建在南北中轴线上，其他附属建筑则均衡地安排在它的两侧。

这样的设计体现了皇权至高无上，同时，可以使建筑群稳重、平衡及统一。

昭陵的管理有文武两大衙门。一个叫总管衙门，一个叫关防衙门。总管衙门主要负责陵区的防卫，关防衙门负责祭祀和陵寝建筑的一般修缮。清代后期，昭陵虽然仍由三陵守护大臣负责管理，但由于连年战乱，国库入不敷出，对昭陵无力做大的修缮，以至陵园建筑残破凋零。

总的来看，沈阳昭陵主体建筑仍然完整地保存着，地下基础完好，规划、布局依然完整，古建筑与遗址未受后人过多的干预与改变，自然环境也基本保持原始状态，真实性与完整性程度很高。

知识点滴

昭陵有著名的十景，分为隆山积雪、宝鼎凝晖、山门灯火、牌楼月光、柞林烟雨、浑河潮流、草甸莺鹋、城楼燕雀、华表升仙和龙头瀑布。

这其中，属城楼燕雀的奇景最为壮观。"城楼"指隆恩门的五凤楼，上面筑有许多鸟巢。每当黄昏时，经过一天觅食的燕雀，都会从四面八方云集而来，围绕五凤楼上下翻飞，不断鸣叫。

凤凰是我国古代神话传说中的瑞兽之一，有"鸟中之王"的美称。因此，当地人都认为，百鸟是在每天觅食之后，向五凤楼中的凤凰之灵请安示意。

牌楼月光指的则是神功圣德碑亭。相传，此楼顶上的琉璃瓦有特殊成分，不仅和普通的琉璃瓦一样流光溢彩，光芒醉人，到了夜间，在月光的折射下，还会泛起微光，因此被称为十景之一。

关外三陵之首的清永陵

　　清永陵是清王朝的祖陵，位于辽宁省新宾满族自治县永陵镇西北起连山脚下，始建于1598年。

　　这座陵墓在1634年被称为"兴京陵"，在1659年被改尊为"永陵"。永陵内埋葬着努尔哈赤的六世祖、曾祖、祖父、父亲及他的伯父和叔父，按照墓主的身份和辈分，永陵位居盛京三陵之首。

　　永陵的整体建筑是由陵前参拜道、下马石碑、前院、方城、宝城、省牲所等几部分组成的。

　　陵前的参拜道南北长840米，以黄沙铺垫。参拜道南北两端的左右各有一通下马石碑。

碑的阳面都竖着书写着汉、满、蒙、回、藏5种字体的"诸王以下官员人等至此下马"文字，用来告示凡谒陵祭祖之王大臣到此时，必须文官下轿、武官下马，步行入陵，以表对皇陵的尊崇与哀思。

参拜道的中央有一座名叫"玉带桥"的小桥。草仓河由后堡绕陵前，经过玉带桥向西流入西堡龙头月牙泡。因为这条河在陵前呈内弓形，像一条围腰的御带，因此叫御带河。

参拜道北端紧接永陵前院正门名正红门或前宫门。前宫门是小木作硬山式琉璃瓦顶建筑。面阔三楹，进深两间，每间有两扇木栅栏门，上覆红漆。

这种木栅栏是清代皇帝、皇后陵寝中永陵所独有的，是满族早期建筑的特色之一，也是源于建州女真人"树栅为寨"的古老生活遗俗。

前院正中东西并列4座单檐歇山式四祖碑亭。按中长次右、左老右少的位序依次为肇、兴、景、显四祖碑亭。

亭座为方形高台，条石砌筑。亭身方体，前、后壁各辟券门一座，两扇对开木门。琉璃瓦顶下之沿椽与额枋之间铺做三翘七栖斗拱。木件通体油饰彩画。

牌楼内各立赑屃座神功圣德碑。碑的阳面镌刻着满、蒙、汉3种字体的颂词，用来弘扬四祖的文治武功。

四祖碑亭前东厢五间硬山式青砖瓦房为齐班房两间，祝版房3间，分别是守陵官员值班和用来存放祝版的房舍。西厢5间硬山式青砖瓦房是茶膳房两间，涤器房3间，分别是烧茶做饭、加工供品及洗涤膳具器皿的房舍。

碑亭后的左、右两面，各建了硬山式青砖瓦房3间，前后有外廊，分别是果房和膳房。前院东西墙各辟一门，是为东红门和西红门。在皇帝和皇后谒陵时，皇帝由东红门出入，皇后由西红门出入。

前院紧挨着方城，方城是单檐歇山式建筑，面阔三楹，进深两间，青砖磨缝平砌大山，前后无檐墙。三楹各辟一门，两扇对开，朱漆板门各布了九九八十一枚鎏金铜门钉，取意"九九归一"。帝王为九五之尊，横九纵九，唯皇最大。

方城的正门名叫"启运门"，启运门中门为神门，是用来给墓主的神灵出入的门。东门是皇帝及大臣出入的门，西门则是皇太后、太后、妃及平常司事人出入的门。两扇划分了出入人等级的门反映了清代严格的等级制度。

启运门两翼缭墙正中，各自镶嵌一个陶质的双面五彩云龙袖壁，壁中一金龙张牙舞爪，腾于海水江崖之上，腾云吐雾，戏耍火珠，造型生动，雕塑精美，充分体现我们祖先的聪明才智和精湛技艺。

方城内的正殿叫"享殿"、"启运殿"，是供奉四祖神位及祭祀的场所。启运殿高筑于方形的墀陛之上，是单檐歇山式琉璃瓦顶建筑，

面阔三楹，门四窗八。明间后墙辟券门一座以通宝城，殿外三面环廊，龙吻透雕"日"、"月"两个字，各分东、西，取"破明"之意。

启运殿内有4座暖阁，暖阁里有宝床、枕被，是用来给四祖的神灵休息的地方。

暖阁前各自放置了4座龙、凤宝座，宝座上放置了神牌，分别是肇祖原皇帝、肇祖原皇后，兴祖直皇帝、兴祖直皇后，景祖翼皇帝、景祖翼皇后，显祖宣皇帝、显祖宣皇后的汉、满文合璧神牌。

龙、凤宝座前是放置各种供品的供案，供案前则是4套掐丝珐琅祭器，每套5件，共20件。祭器的座是楠木香几。

启运殿前还有东、西配殿各三楹，都是单檐歇山式建筑、琉璃瓦顶、三面环廊。

东配殿是维修启运殿时，恭藏肇、兴两个祖牌位、神器及祭祀的临时场所。

而西配殿主要是祭祀时供喇嘛打坐、念经、超度亡灵的地方，平时恭藏乾隆御笔"神树赋"碑。启运殿与西配殿之间，还有一座青砖、瓦砌筑的高近3米的歇山式，名叫"焚帛亭"的小建筑。焚帛亭俗称"燎炉"，是在祭祀永陵时用来焚化祝版、制帛及金银锞子及纸钱的祭炉。

启运殿后就是宝城。宝城的平面呈马蹄形，前有泊岸，后有八角弧形罗圈墙，高3.6米。宝城内南北长18.7米，东西宽22.4米。分前、后两层台地。

上层台中葬兴祖，左葬昭景祖，右葬穆显祖。兴祖墓东北是肇祖衣冠冢。下层台左葬武功郡王礼敦，台右葬恪恭贝勒塔察篇古，中间是礓嚓，三段共21级。兴祖墓前以前有一棵古榆，枝杈离地一米，枝干弯屈，壮若游龙，枝叶繁茂，绿荫厚大，足以覆盖宝城。

根据传说，这棵榆树就是离地一米的悬龙之穴。当年老汗王背他父亲的尸骨时，放在这棵离地一米的榆树上，然后尸骨就长到树里再也取不下来了，老汉王只好把祖先葬骨在树间，结果他的后代就当了皇帝。

宝城后就是陵山，即启运山。启运山石骨棱峥，山脊此起彼伏状若行龙，俗传"悬龙"。据说，龙脊上有几个山包，

清朝就会有几个皇帝。

前院的西面有一个独立的院落，院内有正房5间，西厢房3间，前有一座垂花门，东与西红门相通。此院名省牲所，是屠宰祭祀牛、羊的场所。省牲所西墙外原有冰窖一个，是冬季贮冰，防止供夏季祭祀的供品腐烂变质、防暑降温用的。

清永陵不仅以神奇的传说、丰富的内涵、重要的价值闻名于天下，而且在建筑形制、布局、造型、工艺上都有自己的建筑特点和艺术特色。

清永陵的基本陵寝形制是前朝后寝，二方一圆，南北排列，三进院落。所谓二方一圆的三进院落，是指第一进院落前院是方形，第二进院落方城也是方形，第三进院落宝城是圆形。

而清永陵的位置，按照我国传统的学术风水学来讲，是坐北朝南、神道贯穿、居中当阳，中轴不偏，位于启运山南麓，背风朝阳。也就是说，清永陵是在窝风藏气的龙脉正穴之前营造了宝鼎正殿。

在宝鼎正殿的位置，又由正穴向南修筑了一条长约1千米的笔直通道，称为"神路"。这条神路是陵寝的中轴线，也是陵寝的坐向线。享殿的启运殿就建在中轴线的北端，有"居中当阳"之意。

启运门、正红门都在轴线上坐北朝南依次排开，既有层层拱护正殿的作用，又有突出中心，强化皇权的重要寓意。

永陵的殿寝左右对称，彼此呼应，均衡布局主次分明，陵寝的东配殿与西配殿、果房与膳房、肇祖碑亭与兴祖碑亭、齐班房祝版房与茶膳房涤器房，东下马碑与西下马碑皆以中轴线为中心，左、右对称排列，均衡布局，主次分明，彼此呼应，平衡、稳定、庄重又圆满。

清永陵的陵寝建筑经纬组合，高低错落，逐级升高，对比衬托，由前至后纵横排列。

如下马碑纵向，前宫门横向，东西厢房纵向，四祖碑亭横向，果膳房纵向，启运门横向，东西配殿纵向，启运殿横向。

正视则一纵一横，交替进行，经纬组合，灵活多变。这种经纬交错排列给人以生动、新鲜、灵活、深邃之感。侧视陵寝建筑，由前至后则呈低—高—低—高，波浪起伏形式。这种波浪状的建筑物轮廓线随着地势的逐步升高，势若波涛汹涌。

启运殿后的宝城宝鼎是奉安帝、后尸骨的地宫寝殿，称

"后寝"。我国古代观念认为,"事死如事生",认为皇帝死后到阴间仍然当皇帝,因此陵寝的方城,就是他们阴间的皇城,享殿就是他们在阴间上朝临御的宫殿。而宝城内的宝鼎地宫则是他们阴间的寝宫。

之所以将方城建成方形,将宝城宝鼎建成圆形是分别象征地和天,以合"天圆地方"之说。

清永陵由下马碑、前宫院、方城、宝城、省牲所、冰窖、果楼等部分组成,整体建筑具有鲜明的我国古代建筑特色和满族艺术风格。清永陵居于著名的清初关外三陵之首,号称清朝"关东第一陵"。

知识点滴

清永陵的封宝城内有一棵"神树"。关于这棵树还流传着这样一个传说。当年努尔哈赤的祖父背着祖先的尸骨从长白山下来。走到永陵时天色已经很晚了。但当时的人都很迷信,看到他背着骨灰匣就不让他住店。

努尔哈赤的祖父无奈地站在路边举目北望,突然发现在乔山的脚下有一棵粗大的榆树,而且还有个树杈,他就把祖先的尸骨夹到了树杈上。

第二天早上,努尔哈赤的祖父发现尸骨竟然长在树上取不下来了。这时,一位风水师告诉他:"这是一块风水宝地,后面的山是一条龙脉,你将尸骨正好压在了龙脉的正中,你的后人会是天子。"风水师还预言他的后世有12代的天下。

后来,经过计算,从努尔哈赤登基至清朝末代的皇帝溥仪,正好是12位皇帝。